四川省哲学社会科学研究"十四五"规划课题后期资助项目"西部地区绿色发展重要影响因素及时空分异研究"（SC22HQ10）
成都师范学院高水平学术专著出版资助项目"西部地区绿色发展重要影响因素及时空分异研究"（CS23XSZZ04）

XIBU DIQU LÜSE FAZHAN ZHONGYAO YINGXIANG YINSU
JI SHIKONG FENYI YANJIU

西部地区绿色发展重要影响因素及时空分异研究

卢阳春　刘　敏　石　砥　吴天越◎著

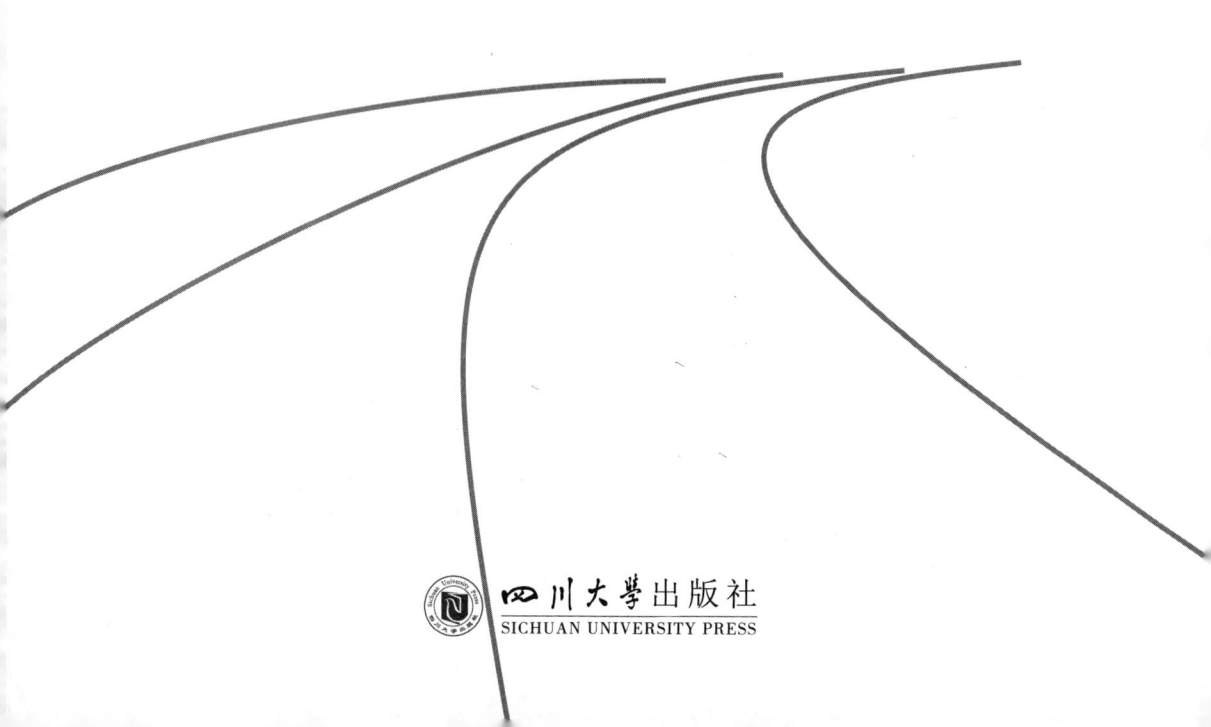

四川大学出版社
SICHUAN UNIVERSITY PRESS

图书在版编目（CIP）数据

西部地区绿色发展重要影响因素及时空分异研究 / 卢阳春等著. — 成都：四川大学出版社，2023.9
ISBN 978-7-5690-6307-3

Ⅰ.①西… Ⅱ.①卢… Ⅲ.①绿色经济－经济发展－影响因素－研究－中国 Ⅳ.①F124.5

中国国家版本馆CIP数据核字（2023）第150772号

书　　名：	西部地区绿色发展重要影响因素及时空分异研究
	Xibu Diqu Lüse Fazhan Zhongyao Yingxiang Yinsu ji Shikong Fenyi Yanjiu
著　　者：	卢阳春　刘　敏　石　砥　吴天越

选题策划：宋彦博
责任编辑：宋彦博　王　锋
责任校对：刘一畅
装帧设计：墨创文化
责任印制：王　炜

出版发行：四川大学出版社有限责任公司
　　地址：成都市一环路南一段24号（610065）
　　电话：（028）85408311（发行部）、85400276（总编室）
　　电子邮箱：scupress@vip.163.com
　　网址：https://press.scu.edu.cn
印前制作：四川胜翔数码印务设计有限公司
印刷装订：成都金阳印务有限责任公司

成品尺寸：170 mm×240 mm
印　　张：12.5
字　　数：219千字
版　　次：2024年1月 第1版
印　　次：2024年1月 第1次印刷
定　　价：60.00元

本社图书如有印装质量问题，请联系发行部调换

版权所有 ◆ 侵权必究

序 一

绿色发展不仅是推动形成西部大开发新格局，实现区域协调发展的根本之策，也是国家治理体系和治理能力现代化对统筹兼顾西部地区经济发展和生态安全屏障建设提出的更高要求。在此背景下，《西部地区绿色发展重要影响因素及时空分异研究》这一研究成果，重点测算了近年来西部地区省域空间单元的绿色全要素生产率和绿色金融发展水平，分析了绿色全要素生产率增长以及区域绿色金融发展水平提升的重要影响因素，总结了在多种影响因素作用下西部地区绿色全要素生产率增长变化的时空演化特征，西部地区和东中部地区绿色金融发展水平的变化趋势和空间特征，以及两者的提升所面临的欠发达和不协调问题等，进而提出提升绿色经济效率和绿色金融发展水平，促进西部地区绿色发展的政策建议。

该研究结合西部地区经济发展与自然资源现状，创新研究方法，探究得出西部地区在绿色发展历程中的优势和存在的问题，发现各省域空间单元绿色经济发展的不同特征和资源禀赋差异，不仅可为西部地区探索更加科学合理的全面绿色转型发展路径提供可操作的政策建议，还可为我国在新时期探索绿色经济效率提升路径提供理论指导。

该研究成果的创新性较强，具有较高的学术价值。同时，该书关于西部地区绿色发展问题的探究，也还有可以进一步拓展的空间。希望该书作者进一步深入推进相关研究，为西部地区在中国式现代化建设过程中实现高质量发展提供更多有参考价值和借鉴意义的发展思路。

蒋永穆

2023 年 8 月

序 二

在全面建设社会主义现代化国家、向第二个百年奋斗目标进军的新发展阶段，贯彻创新、协调、绿色、开放、共享的新发展理念，凸显了我国绿色金融助推西部地区经济社会高质量发展的重要性，也对西部地区以绿色全要素生产率提升和绿色金融发展促进经济社会绿色发展提出新要求。在此背景下，《西部地区绿色发展重要影响因素及时空分异研究》这一研究成果，丰富和完善了包含绿色金融产品规模及政府环保专项财政支出等在内的区域绿色金融发展水平测度指标体系，更为全面且科学地测度了我国西部地区省域空间单元绿色全要素生产率和绿色金融发展水平，并对比分析了我国西部和东中部地区绿色金融发展水平。

该书采用探索性空间计量分析方法研究我国西部地区绿色全要素生产率和绿色金融发展水平的变化趋势、空间特征差异及其影响因素，不仅有助于加深对近年来我国省域空间单元绿色金融发展水平的变化趋势、空间分布特征及其成因的认识，发现绿色金融促进西部地区绿色发展存在的欠发达和不协调等问题，其研究成果及提出的政策建议，更有助于解决我国绿色金融在区域间存在的资源分布失衡等问题，促进区域间绿色金融发展的协调水平和合作紧密程度的提升。

在全面建设社会主义现代化国家的进程中，西部地区绿色发展还有不少问题需要关注，需要研究。希望更多的学者参与其中，也希望该书作者为西部地区绿色发展贡献更多智慧和力量。

是为序。

2023 年 8 月

前　言

我国西部地区经济社会情况复杂，重点生态功能区、乡村振兴重点帮扶县和少数民族聚居区重叠交织分布，肩负着积极探索实现人与自然和谐共生的中国式现代化道路的重任。自 2000 年实施西部大开发战略以来，西部地区经济社会发展取得重大成就，但西部地区发展不平衡不充分、与东部地区经济发展差距较大等问题依然突出，维护民族团结、社会稳定、国家安全的任务依然繁重。提高绿色全要素生产率，发展绿色金融，均有助于推动西部地区绿色转型，推进西部大开发形成新格局，对促进西部地区经济发展与人口、资源、环境相协调，实现更高质量、更有效率、更加公平、更可持续的发展具有重要意义。

本书以西部地区绿色全要素生产率和绿色金融这两大绿色发展影响因素为主要研究对象。首先，采用文献计量分析法梳理相关研究的发展历程和发展趋势，了解、把握该研究领域的前沿热点和最新方法。其次，运用基于非径向、非角度的 SBM 方向性距离函数的 Malmquist-Luenberger 指数模型，构建包含能源消耗和环境污染指标的投入产出指标体系，测算西部地区绿色全要素生产率指数，并分解得到绿色技术进步指数和绿色效率改善指数。然后将绿色全要素生产率累积指数及其分解指数作为被解释变量，将经济发展、产业结构、人力资本、资本深化、环境规制、政府规制、技术创新、外资利用和被解释变量的滞后一期作为解释变量，构建动态面板回归计量模型，实证分析西部地区绿色全要素生产率增长的影响因素。同时，使用探索性空间数据分析方法，研究在各影响因素作用下西部地区绿色全要素生产率增长的时序特征及空间关联、集聚特征。再次，基于对绿色金融发展水平测度及影响因素相关文献的研究，在萨伊定律、金融发展理论、地理学定律等的指导下，识别绿色金融发展的重要影响因素并分析其作用机制。然后在借鉴前人成果的基础上进一步丰富和完善区域绿色金融发展水平测度指标体系，综合采用熵权法等，测度2015—2019年31个省（自治区、直辖市）的绿色金融发展指数，对比分析我国西部地区与东中部地区绿色金融发展水平的时序变化、现实差异及成因。再选取经济距离矩阵，对区域绿色金融发展指数进行全局和局部空间自相关检验，借助地理探测器模型，探究人力资本质量、科技创新能力、工业化水平、经济效率、政策激励、绿色金融基础设施、环境污染、金融基础等影响因素对我国西部和东中部地区区域绿色金融发展空间分异的解释力度。

研究结果表明，绿色全要素生产率及其分解项的滞后期都对当期有显著的、高度的正向影响。经济发展、产业结构对绿色全要素生产率及其分解项有正向促进作用。资本深化和政府规制对绿色全要素生产率及其分解项有显著的、高度的负向影响。环境规制和外资利用则只对绿色全要素生产率有负向影响，对其分解指标的影响不显著。技术创新对绿色技术进步有正向影响，而对绿色效率改善有负向影响，对绿色全要素生产率的总体影响不显著。人力资本则未对绿色全要素生产率及其分解指标产生影响。绿色全要素生产率总体呈累积增长趋势，增长幅度较小，区域差异较大。2006—2015年，西部地区的绿色全要素生产率增长趋势较为明显，2015年各省（自治区、直辖市）基本达到峰值。绿色全要素生产率增长主要由绿色技术进步推动，绿色效率改善的影响并不显著。在空间分布上，西部地区绿色全要素生产率增长具有低强度的空间聚集性和阶段性的全局空间自相关现象，呈现出一定的空间依赖性，2014—2017年表现为较稳定的显著空间正相关，影响因素能够产生较为显著的空间溢出作用。绿色全要素生产率水平相似的省（自治区、直辖市）在空间分布上存在较为显著的高值、低值集聚。局部空间上邻近省（自治区、直辖市）的差距逐渐减小，最终呈现稳定的高高集聚和低低集聚状态。2015—2017年，出现稳定的集聚区，高高集聚区主要为新疆和西藏，低低集聚区主要为四川、云南和广西。

关于绿色金融这一影响因素的研究结果表明，近年来我国绿色金融整体发展水平有所提升，但存在区域间发展差距较大的现象；绿色金融发展水平呈现自东向中、西、东北部地区递减的特征，且东部地区增速较快；绿色金融发展水平在各经济区域内部可能存在局部收敛，即呈现"俱乐部模式"特征；绿色金融发展水平表现出空间集聚特征，且没有显著"孤立点";科技创新能力与金融基础两大因素,是当前影响我国区域绿色金融发展空间分异的主要因素;同一因素对区域绿色金融发展空间分异的影响,在不同区域的解释力度存在较大差异;科技创新能力与人力资本质量两种影响因素可与其他影响因素产生显著交互作用。

根据上述主要研究结论,本书按照全面建设社会主义现代化国家新时期的高质量发展要求,就绿色全要素生产率提升路径提出建议如下:一是提高管理效率,合理配置有限资源;二是提升绿色技术水平,促进绿色转型发展;三是打造创新型产业集群,推动产业结构升级;四是完善基础设施建设,促进绿色技术创新产业发展。同时,就我国西部地区绿色金融优化发展路径,本书提出建议如下:一是加强绿色金融产品创新,完善绿色金融市场体系;二是加强绿色金融顶层设计,落实政策分区域引导功能;三是促进邻域间绿色金融项目的合作,实现绿色金融信息共享;四是提高绿色技术研发投入,完善绿色技术创新体系;五是提升群众环境保护意识和能力,培育绿色金融专业人才。

这里呈现给读者的是四川省哲学社会科学研究"十四五"规划2022年度课题后期资助项目"西部地区绿色发展重要影响因素及时空分异研究"(立项编号:SC22HQ10)的最终成果。全书由卢阳春确定框架并统稿,由各执笔人承担相应章节的研究和写作工作。第一章由刘敏、吴天越执笔,第二章由刘敏、石砥执笔,第三章、第四章由卢阳春、刘敏执笔,第五章、第六章由卢阳春、石砥执笔,第七章由刘敏、石砥执笔。本书的出版受到成都师范学院2023年高水平学术专著出版资助项目"西部地区绿色发展重要影响因素及时空分异研究"(CS23XSZZ04)的资助,得到四川大学出版社的大力支持,特此致谢!

在调查研究过程中,西部地区12省(直辖市、自治区)的发展和改革委员会、生态环境厅、地方金融监督管理局以及其他相关职能部门给予了宝贵的工作座谈和实地调研机会,对于课题组深入细致调研,取得第一手研究资料,起到重要的支持作用。此外,还有众多专家学者给课题组的调查研究提供了宝贵的建议和文献资料,为免挂一漏万,在此不一一列出,谨一并致以最诚挚的谢意!

事实上,西部地区绿色发展的变化速度和程度有目共睹,正如书中描述的那样,绿色发展的重要影响因素不是一成不变的,而会随着经济社会的发展而变化,出现新的时间序列和空间集聚特征,需要我们不断用新的研究成果和政策创新去回应。同时，由于本课题涉及政策面广，现实问题十分复杂，相关主体实践变化很快，再加上笔者水平有限，书中难免存在不足与疏漏之处，恳请广大读者提出宝贵意见。

农村土地利用监测与评价四川省哲学社会科学重点实验室
四川（成都）融入双循环发展新格局研究中心

2023 年 8 月

目 录

第一章 西部地区绿色发展基础及重要影响因素辨析…………（ 1 ）
 第一节 西部地区绿色发展背景及基础……………………（ 2 ）
 第二节 绿色发展的两大重要影响因素辨析………………（ 38 ）

第二章 绿色发展相关理论梳理及研究综述…………………（ 47 ）
 第一节 国内外相关理论梳理………………………………（ 48 ）
 第二节 国内外相关研究综述………………………………（ 56 ）

第三章 西部地区绿色全要素生产率测度及影响因素分析…（ 75 ）
 第一节 绿色全要素生产率影响因素的作用机理…………（ 76 ）
 第二节 指标选取及数据处理………………………………（ 83 ）
 第三节 绿色全要素生产率的测度…………………………（ 91 ）
 第四节 绿色全要素生产率的影响因素分析………………（ 95 ）

第四章 西部地区绿色全要素生产率的时空演化特征………（103）
 第一节 时序特征分析………………………………………（104）
 第二节 空间特征分析………………………………………（109）
 第三节 空间协调分析………………………………………（115）

I

第五章　西部地区绿色金融发展水平测度及区域比较 (117)
- 第一节　影响因素识别及作用机制分析 (118)
- 第二节　区域绿色金融发展水平的测度 (127)
- 第三节　西部地区绿色金融发展水平的影响因素分析 (135)

第六章　西部地区绿色金融发展水平空间特征及影响因素分析 (141)
- 第一节　绿色金融发展水平的空间特征 (142)
- 第二节　影响因素实证分析 (146)
- 第三节　影响因素解释力分析 (152)

第七章　促进西部地区绿色发展的对策建议 (157)
- 第一节　提升绿色全要素生产率促进绿色发展 (158)
- 第二节　健全绿色金融服务体系促进绿色发展 (163)

参考文献 (169)

图表目录 (183)

第一章

西部地区绿色发展基础及重要影响因素辨析

第一节 西部地区绿色发展背景及基础

一、现实背景

1978年改革开放以来，我国经济快速增长。2019年国内生产总值（GDP）达到990865.10亿元，是1978年的269.35倍，人均GDP由1978年的385元增长至2019年的70892元。[①] 在举全国之力创造经济奇迹的同时，一些地区对自然资源的掠夺性开发和低效利用，也对生态环境质量造成一些负面影响。从《全国主体功能区规划》（国发〔2010〕46号）[②] 等文件来看，我国西部地区[③]多地为禁止开发区、农产品主产区、重点生态功能区，与乡村振兴重点帮扶县重叠交织分布，在全面建设社会主义现代化国家新征程上，必将面临进一步打造生态保护屏障，维护国家生态安全，进一步保障民生福祉，促进共同富裕，进一步统筹兼顾生态和经济发展，促进人与自然和谐共生等重大任务挑战。《中共中央 国务院关于新时代推进西部大开发形成新格局的指导意见》[④]也明确要求，西部地区要探索协同推进生态优

[①] 数据来源于2020年《中国统计年鉴》56—57页。
[②] 国务院关于印发全国主体功能区规划的通知［EB/OL］.（2010-12-21）[2023-07-20]. http://www.gov.cn/gongbao/content/2011/content_1884884.htm.
[③] 按照国家统计局官网对我国经济地带的划分，我国东部地区包括北京、天津、河北、上海、江苏、浙江、福建、山东、广东和海南10个省（直辖市）；中部地区包括山西、安徽、江西、河南、湖北和湖南6个省；西部地区包括内蒙古、广西、重庆、四川、贵州、云南、西藏、陕西、甘肃、青海、宁夏和新疆12个省（自治区、直辖市），东北地区包括辽宁、吉林和黑龙江3个省。
[④] 中共中央 国务院关于新时代推进西部大开发形成新格局的指导意见［EB/OL］.（2020-05-17）[2023-07-20]. http://www.gov.cn/xinwen/2020-05/17/content_5512456.htm.

先、绿色发展新路径，落实市场导向的绿色技术创新体系建设任务，推动西部地区绿色产业加快发展，增加绿色金融供给，推动西部地区经济绿色转型升级。

我国自2000年实施西部大开发战略以来，先后实施了四个"西部大开发五年规（计）划"，持续推动我国西部地区经济社会发展取得重大成就。但西部地区发展不平衡不充分、与东部地区发展差距较大等问题依然突出，维护民族团结、社会稳定、国家安全的任务依然繁重。2020年5月《中共中央 国务院关于新时代推进西部大开发形成新格局的指导意见》的发布，对我国西部地区的发展提出新要求，指出了绿色转型发展是新时代西部地区经济社会协调有序发展的关键[①]。基于《全国主体功能区规划》关于国家重点生态功能区开发和建设的相关要求，西部地区在经济社会发展过程中还要注重生态保护和生态修复，特别是青海三江源、祁连山等地的生态多样性保护，岩溶地区的石漠化综合治理，荒漠地区的沙漠化治理，长江、黄河上游的生态安全等。因此，绿色发展不仅是推动西部地区形成西部大开发新格局，实现我国东中西部区域协调发展的根本之策，也是《中共中央关于坚持和完善中国特色社会主义制度 推进国家治理体系和治理能力现代化若干重大问题的决定》[②]对西部地区科学有序提高绿色经济效率、统筹兼顾经济社会发展和生态安全功能提出的更高要求。

创新、协调、绿色、开放、共享五大发展理念是在对我国发展的实际问题进行深度研判的基础上提出来的，是符合新时代我国发展实际的先进发展理念。2015年10月，习近平总书记在党的十八届五中全会第二次全体会议上提出了"创新、协调、绿色、开放、共享"的新发展理念，在党的十九大报告中又指出要"坚持新发展理念"。创新发展是指把创新作为发展的基础，建立一个促进创新的体制框架，在理论方面、制度方面、科技方面、文化方面开展创新活动，依靠创新驱动主导发展。协调发展要求正确处理发展中的重大关系，补齐短板，缩小差距，促进经济社会协调发展，推动各领域全面发展，增强发展协调性。绿色发展是指建设资源节约型和环境友好型社会，在生产系统和生活系统之间建立循环联系，实现可持续发展。开放发展要求

---

① 中共中央 国务院关于新时代推进西部大开发形成新格局的指导意见［EB/OL］．（2020-05-17）［2023-07-20］．http://www.gov.cn/xinwen/2020-05/17/content_5512456.htm.

② 中共中央关于坚持和完善中国特色社会主义制度 推进国家治理体系和治理能力现代化若干重大问题的决定［EB/OL］．（2019-11-05）［2023-07-20］．http://www.gov.cn/zhengce/2019-11/05/content_5449023.htm?ivk_sa=1024320u.

发展高水平的开放经济,通过内部和外部协调,平衡进出口,吸引资本和技术。共享发展包括提供更有效的制度安排、更多的公共服务,建设和完善更公平、更可持续的社会保障制度,增强全体人民的幸福感。在五大发展理念中,创新是发展的内在动力,协调是可持续健康发展的内在要求,绿色是可持续发展的关键点,开放解决发展内外联动问题,共享是发展的根本目的。新发展理念回答了关于新时代我国发展目的、动力、方式、路径等一系列理论和实践问题,集中体现了我国经济社会的发展思路、发展方向、发展着力点。进入新发展阶段后,新发展理念有了新的特点和要求,创新成为第一推动力,协调成为内生特点,绿色成为普遍形态,开放成为必由之路,共享成为根本目的。

在创新、协调、绿色、开放、共享五大发展理念的指引下,绿色经济成为新时代我国经济发展的重要方向。绿色全要素生产率作为衡量区域绿色经济增长的重要指标,是区域绿色发展的两大重要影响因素之一。绿色全要素生产率的提升,不仅有助于实现我国经济社会全面绿色转型发展,还有助于提升我国经济社会高质量发展水平。提升西部地区绿色全要素生产率对于促进西部地区经济发展与人口、资源、环境相协调,进而实现更高质量、更有效率、更加公平、更可持续、更为安全的发展[1]具有重要意义。

在我国全面绿色转型发展的背景下,对西部地区绿色全要素生产率的变化趋势及空间特征等进行深入比较研究,不仅有助于发现我国生态文明建设面临的主要阻碍和现实问题,还有助于西部地区探寻促进人与自然和谐共生的中国式现代化特色实践路径。虽然近年来学术界在绿色全要素生产率的测算方面已有大量研究成果,但仅仅对绿色全要素生产率进行简单测算是不够的。目前,我国已开启全面建设社会主义现代化国家的新征程,党的十九届五中全会通过《中共中央关于制定国民经济和社会发展第十四个五年规划和二〇三五年远景目标的建议》,明确提出了到2035年基本实现社会主义现代化远景目标,其中重要一项便是"广泛形成绿色生产生活方式,碳排放达峰后稳中有降,生态环境根本好转,美丽中国建设目标基本实现"。同时提出"十四五"时期我国经济社会发展主要目标,明确指出"生态文明建设实现

---

[1] 中共中央关于制定国民经济和社会发展第十四个五年规划和二〇三五年远景目标的建议[EB/OL].(2020-11-03)[2023-07-20]. http://www.gov.cn/zhengce/202011/03/content_5556991.htm.

新进步。国土空间开发保护格局得到优化，生产生活方式绿色转型成效显著，能源资源配置更加合理、利用效率大幅提高，主要污染物排放总量持续减少，生态环境持续改善，生态安全屏障更加牢固，城乡人居环境明显改善"[1]。习近平总书记在党的十九大报告中指出："经过长期努力，中国特色社会主义进入了新时代，这是我国发展新的历史方位。"[2] 在新时代背景下，按照创新、协调、绿色、开放、共享的新发展理念，结合西部地区经济发展与自然资源现状，创新探索更能准确表达绿色全要素生产率变化特征的研究方法，探讨西部地区绿色全要素生产率提升的重要影响因素，深入分析多种影响因素作用下西部地区绿色全要素生产率增长的时空演化特征，并在此基础上更加深入地研究具有特殊、重要生态功能地位的西部地区绿色全要素生产率的时序变化和空间集聚特征等，探索人与自然和谐共生的中国式现代化绿色发展路径，具有重要的理论及现实意义。通过探究西部地区在绿色发展历程中具有的优势和存在的问题，发现西部地区各省（自治区、直辖市）空间单元绿色经济发展的区域特征和禀赋差异，可以为西部地区探索科学合理的绿色发展道路，出台相应的绿色发展政策提供建议，还可为有相似特征的其他区域探索绿色经济效率提升路径提供一定参考。

西方发达国家早期工业经济飞速发展，随之而来的是资源紧缺、生态受损等一系列问题。这些问题在阻碍经济社会进一步发展的同时，也威胁着人类生存。在发展转型探索中，可持续发展理念渐渐深入人心。2015年，近200个国家签署《巴黎协定》，标志着全球经济活动走向绿色发展道路。与发达国家类似，生态环境问题同样是我国经济社会发展的痛点，资源紧缺、环境污染已成为制约经济社会高质量发展的主要瓶颈之一。在此背景下，党和国家提出创新、协调、绿色、开放、共享的新发展理念，其中绿色发展理念凸显了绿色金融助推经济社会高质量发展的重要性，也对绿色金融发展提出新要求。在我国生产生活方式全面绿色转型的过程中，无论是产业结构向绿色生态方向调整，还是资源的清洁高效利用，都需要高效的绿色金融市场

---

[1] 中共中央关于制定国民经济和社会发展第十四个五年规划和二〇三五年远景目标的建议[EB/OL].（2020-11-03）[2023-07-20] http://www.gov.cn/zhengce/202011/03/content_5556991.htm.

[2] 习近平. 决胜全面建成小康社会 夺取新时代中国特色社会主义伟大胜利——在中国共产党第十九次全国代表大会上的报告[EB/OL].（2017-10-27）[2023-07-20]. https://www.gov.cn/zhuanti/2017-10/27/content_5234876.htm.

满足绿色产业投融资需求。绿色金融作为传统金融的内涵深化，作为区域绿色经济增长的重要支撑要素之一，已逐渐成为我国高质量绿色发展的重要影响因素，与绿色全要素生产率同样重要。

绿色金融是西部地区绿色经济增长的重要影响因素，在新时代贯彻新发展理念高质量发展的背景下，对其进行深入比较研究显得尤为重要。一方面，对西部地区绿色金融发展水平及其影响因素的研究，有助于发现西部地区绿色发展存在的客观阻碍和现实问题，也有助于西部地区探寻人与自然和谐共生的中国式现代化发展道路。另一方面，对西部地区绿色金融发展水平及其影响因素的研究，有助于促进我国西部地区乃至全国的绿色产业发展，约束高能耗、高污染行业盲目发展，引导消费者绿色消费，同时实现金融业自身的可持续发展。发达国家的绿色金融早期发展主要得益于国际社会普遍认可的共识性原则的发展，例如"赤道原则（Equator Principles，EPs）"[1] "社会责任投资原则（Socially Responsible Investment，SRI）"[2] 等。"赤道原则"对金融机构提出了"可持续性、不伤害、负责任、问责度、透明度以及市场和管理"六项原则性要求。"社会责任投资原则"主要由商业机构推动，要求在投资决策过程中不能单纯计算经济利益，还要考虑社会环境层面的损益。2016年，绿色金融首次被写入G20峰会公报，成为重要议题之一。《2016年G20绿色金融综合报告》首次明确了绿色金融的定义、目标等，并指出绿色金融发展面临的挑战与机遇，成为国际上较为认可的绿色金融发展的指导性文件。2016年G20峰会以后，许多国家陆续出台相关政策以支持绿色金融发展，绿色金融发展的指导性顶层设计框架被迅速构建起来。此后，国际上各类绿色金融产品不断推陈出新，全球范围内的绿色金融进入快速发展时期。

二、政策支持

我国西部地区地域辽阔，地形地貌复杂，蕴藏着丰富的矿产、水能、土

---

[1] 黄梅. 赤道原则对新疆绿色金融发展的启示 [J]. 商业经济，2021 (10)：159-161.
[2] 肖远企. 资管行业要遵循风险和回报匹配原则 [N]. 金融时报，2021-07-26 (02).

地和旅游资源，聚集着众多少数民族，为西部地区发展特色绿色经济提供了基础条件。但西部地区经济社会发展整体相对落后，部分地区生态系统退化问题严峻，社会发展进程缓慢，与东部地区发展差距依然较大，同时肩负着维护民族团结和社会稳定、筑牢国家生态安全屏障等重要任务。因此，在以高质量发展为鲜明主题的新时期推动西部大开发形成新格局，推进西部地区高质量发展，重在加强发展特色绿色经济，保护和修复生态环境，提升基本公共服务均等化水平，以不断夯实人与自然和谐共生的中国式现代化道路基础。

我国生产生活方式全面绿色转型发展将成为未来高质量发展重点关注的现实问题，为此，从中央到地方政府相继发布配套政策，积极引导绿色发展（表1-1）。从积极应对气候变化到建立健全绿色低碳循环发展经济体系，从生态文明建设的提出到国家生态文明试验区改革举措和经验做法的推广，从开展第一批国家低碳城市试点工作到促进国家高新技术产业开发区高质量发展，可以看出我国在出台政策措施推动绿色发展过程中不断取得新进展，也对进一步提升西部地区绿色全要素生产率，促进绿色金融创新可持续发展起到了重要支持作用。

表1-1 我国促进绿色发展的重要政策文件梳理

序号	年份	政策文件名称
1	2009	《全国人民代表大会常务委员会关于积极应对气候变化的决议》[1]
2	2010	《国家发展改革委关于开展低碳省区和低碳城市试点工作的通知》[2]
3	2011	财政部、住房城乡建设部《关于开展第一批绿色低碳重点小城镇试点示范工作的通知》[3]

---

[1] 全国人民代表大会常务委员会关于积极应对气候变化的决议［EB/OL］．（2009-08-27）［2023-07-20］．http://www.npc.gov.cn/zgrdw/huiyi/ztbg/jjydqhbh1110/2009-08/27/content_1566579.htm.

[2] 国家发展改革委关于开展低碳省区和低碳城市试点工作的通知（发改气候〔2010〕1587号）［EB/OL］．（2010-07-19）［2023-07-20］．https://www.ndrc.gov.cn/xxgk/zcfb/tz/201008/t20100810_964674.html.

[3] 关于开展第一批绿色低碳重点小城镇试点示范工作的通知（财建〔2011〕867号）［EB/OL］．（2011-09-26）［2023-07-20］．https://www.gov.cn/zwgk/2011-10/28/content_1980272.htm.

续表 1-1

序号	年份	政策文件名称
4	2011	国务院关于印发《"十二五"控制温室气体排放工作方案》的通知①
5	2012	农业部关于贯彻落实《全国现代农业发展规划（2011—2015 年）》加快推进现代农业建设的实施意见②
6	2012	胡锦涛在中国共产党第十八次全国代表大会上的报告③
7	2013	《国家发展改革委关于组织开展循环经济示范城市（县）创建工作的通知》④
8	2015	国务院关于印发《中国制造 2025》的通知⑤
9	2015	《中共中央 国务院关于加快推进生态文明建设的意见》⑥
10	2015	中共中央、国务院印发《生态文明体制改革总体方案》⑦
11	2016	《国家发展改革委 财政部关于国家循环经济试点示范典型经验的通知》⑧

---

① 国务院关于印发《"十二五"控制温室气体排放工作方案》的通知（国发〔2011〕41 号）[EB/OL]. （2012-01-26）[2023-07-20]. https://www.gov.cn/zwgk/2012-01/13/content_2043645.htm.

② 农业部关于贯彻落实《全国现代农业发展规划（2011—2015 年）》加快推进现代农业建设的实施意见[EB/OL]. （2012-07-17）[2023-07-20]. http://www.moa.gov.cn/nybgb/2012/dbaq/201805/t20180516_6142248.htm.

③ 胡锦涛. 坚定不移沿着中国特色社会主义道路前进 为全面建成小康社会而奋斗——在中国共产党第十八次全国代表大会上的讲话[EB/OL]. （2012-11-18）[2020-07-20］. https://www.12371.cn/2012/11/17/ARTI1353154601465336_all.shtml.

④ 国家发展改革委关于组织开展循环经济示范城市（县）创建工作的通知[EB/OL]. （2013-09-04）[2023-07-20]. https://www.ndrc.gov.cn/fzggw/jgsj/hzs/sjdt/201309/t20130909_1130860.html.

⑤ 国务院关于印发《中国制造 2025》的通知（国发〔2015〕28 号）[EB/OL]. （2015-05-08）[2023-07-20]. http://www.gov.cn/zhengce/content/2015-05/19/content_9784.htm.

⑥ 中共中央 国务院关于加快推进生态文明建设的意见[EB/OL]. （2015-05-05）[2023-07-20]. https://www.audit.gov.cn/n4/n18/c65045/content.html.

⑦ 中共中央 国务院印发《生态文明体制改革总体方案》[EB/OL]. （2015-09-21）[2023-07-20]. https://www.rmzxb.com.cn/sy/yw/2015/09/21/584870.shtml.

⑧ 国家发展改革委 财政部关于印发国家循环经济试点示范典型经验的通知（发改环资〔2016〕965 号）[EB/OL]. （2016-06-04）[2023-07-20]. https://www.ndrc.gov.cn/fzggw/jgsj/hzs/sjdt/201605/t20160510_1130524.html.

续表 1-1

序号	年份	政策文件名称
12	2016	中共中央办公厅、国务院办公厅印发《生态文明建设目标评价考核办法》①
13	2016	中国人民银行、财政部等七部委联合印发《关于构建绿色金融体系的指导意见》②
14	2016	《中华人民共和国国民经济和社会发展第十三个五年规划纲要》③
15	2016	工业和信息化部关于印发《工业绿色发展规划（2016—2020年）》的通知④
16	2016	中共中央办公厅、国务院办公厅印发《关于设立统一规范的国家生态文明试验区的意见》⑤
17	2016	国务院关于印发《"十三五"控制温室气体排放工作方案》的通知⑥
18	2017	环境保护部等四部委联合印发《关于推进绿色"一带一路"建设的指导意见》⑦

---

① 中共中央办公厅、国务院办公厅印发《生态文明建设目标评价考核办法》［EB/OL］.（2016-12-22）［2023-07-20］. https：//www.cqn.com.cn/pp/content/2016/12/23/content_3756511.htm.

② 中国人民银行、财政部等七部委关于构建绿色金融体系的指导意见（银发〔2016〕228号）［EB/OL］.（2016-08-31）［2023-07-30］. https：//www.mee.gov.cn/gkml/hbb/gwy/201611/t20161124_368163.htm.

③ 中华人民共和国国民经济和社会发展第十三个五年规划纲要［EB/OL］.（2016-03-17）［2023-07-20］. https：//www.gov.cn/xinwen/2016-03/17/content_5054992.htm.

④ 工业和信息化部关于印发《工业绿色发展规划（2016—2020年）》的通知［EB/OL］.（2016-06-30）［2023-07-20］. https：//www.miit.gov.cn/jgsj/jns/wjfb/art/2020/art_d66bb56744d9433d827bdb571de9a250.html.

⑤ 中共中央办公厅、国务院办公厅印发《关于设立统一规范的国家生态文明试验区的意见》［EB/OL］.（2016-08-23）［2023-07-20］. https：//www.audit.gov.cn/n4/n18/c86812/content.html.

⑥ 国务院关于印发《"十三五"控制温室气体排放工作方案》的通知（国发〔2016〕61号）［EB/OL］.（2016-11-04）［2023-07-20］. https：//www.gov.cn/zhengce/content/2016-11/04/content_5128619.htm.

⑦ 环境保护部、外交部、发展改革委、商务部《关于推进绿色"一带一路"建设的指导意见》（环国际〔2017〕58号）［EB/OL］.（2017-04-24）［2023-07-23］. https：//www.mee.gov.cn/gkml/hbb/bwj/201705/t20170505_413602.htm.

续表1-1

序号	年份	政策文件名称
19	2017	国务院印发《"十三五"促进民族地区和人口较少民族发展规划》①
20	2017	中共中央办公厅、国务院办公厅印发《关于创新体制机制推进农业绿色发展的意见》②
21	2020	国家发展改革委关于印发《国家生态文明试验区改革举措和经验做法推广清单》的通知③
22	2020	《国务院关于促进国家高新技术产业开发区高质量发展的若干意见》④
23	2020	中共中央办公厅、国务院办公厅印发《关于构建现代环境治理体系的指导意见》⑤
24	2021	国务院印发《关于加快建立健全绿色低碳循环发展经济体系的指导意见》⑥

在促进生产生活全面绿色转型的绿色发展大背景下，针对性解决西部地区经济社会发展的短板和薄弱环节问题也是全面建设社会主义现代化国家的重点。围绕西部地区乡镇企业发展、教育事业发展、基础设施建设、加强东西互动、承接产业转移、开放环境建设、生态环境保护、创新环境改善等方面，政府出台了各种鼓励性、指引性的政策（表1-2）。

---

① 国务院印发《"十三五"促进民族地区和人口较少民族发展规划》[EB/OL].（2017-01-24）[2023-07-20]. https://www.gov.cn/xinwen/2017-01/24/content_5163017.htm.

② 中共中央办公厅、国务院办公厅印发《关于创新体制机制推进农业绿色发展的意见》[EB/OL].（2017-10-01）[2023-07-20]. https://www.rmzxb.com.cn/c/2017-10-01/1827465.shtml.

③ 国家发展改革委关于印发《国家生态文明试验区改革举措和经验做法推广清单》的通知[EB/OL].（2020-11-25）[2023-07-20]. https://www.ndrc.gov.cn/xxgk/zcfb/tz/202011/t20201127_1251538.html.

④ 国务院关于促进国家高新技术产业开发区高质量发展的若干意见（国发〔2020〕7号）[EB/OL].（2020-07-17）[2023-07-20]. https://www.gov.cn/zhengce/content/2020-07/17/content_5527765.htm.

⑤ 中共中央办公厅、国务院办公厅印发《关于构建现代环境治理体系的指导意见》[EB/OL].（2020-03-03）[2023-07-20]. http://www.qstheory.cn/yaowen/2020-03/03/c_1125658197.htm.

⑥ 国务院印发《关于加快建立健全绿色低碳循环发展经济体系的指导意见》（国发〔2021〕4号）[EB/OL].（2021-02-22）[2023-07-20]. https://www.gov.cn/zhengce/content/2021-02/22/content_5588274.htm?eqid=862727b2000bcc6f00000006645a405a.

表1-2 西部地区发展政策梳理

序号	年份	政策文件名称
1	1993	《国务院关于加快发展中西部地区乡镇企业的决定》①
2	2000	《中共中央关于制定国民经济和社会发展第十个五年计划的建议》②
3	2001	《中华人民共和国国民经济和社会发展第十个五年计划纲要》③
4	2001	国务院西部开发办《关于西部大开发若干政策措施的实施意见》④
5	2002	中共中央办公厅、国务院办公厅印发《西部地区人才开发十年规划》⑤
6	2002	国家计委、国务院西部开发办关于印发《"十五"西部开发总体规划》的通知⑥
7	2004	教育部关于印发《2004—2010年西部地区教育事业发展规划》的通知⑦
8	2006	国务院西部开发办等六部门印发《关于促进西部地区特色优势产业发展的意见》⑧
9	2006	国家发展改革委、国务院西部开发办组织编制的《西部大开发"十一五"规划》⑨

---

① 国务院关于加快发展中西部地区乡镇企业的决定[EB/OL]．(1993-02-14)[2023-07-20]．https://www.gov.cn/zhengce/zhengceku/2016-10/20/content_5122059.htm.

② 中共中央关于制定国民经济和社会发展第十个五年计划的建议（中发〔2000〕16号）[EB/OL]．(2000-10-11)[2023-07-20]．http://www.chinatoday.com.cn/ctchinese/zhuanti/2012-10/16/content_489830.htm.

③ 中华人民共和国国民经济和社会发展第十个五年计划纲要[EB/OL]．(2021-03-15)[2023-07-20]．https://www.gov.cn/gongbao/content/2001/content_60699.htm.

④ 国务院西部开发办《关于西部大开发若干政策措施的实施意见》[EB/OL]．(2001-08-28)[2023-07-20]．https://www.gov.cn/gongbao/content/2001/content_61158.htm.

⑤ 中共中央办公厅、国务院办公厅印发《西部地区人才开发十年规划》（中办发〔2002〕7号）[EB/OL]．(2002-02-10)[2023-07-20]．https://rsj.sh.gov.cn/tgwyxzfgwj_17255/20200617/t0035_1388242.html.

⑥ 国家计委、国务院西部开发办关于印发"十五"西部开发总体规划的通知（计规划〔2002〕259号）[EB/OL]．(2002-02-25)[2023-07-20]．https://www.gov.cn/gongbao/content/2003/content_62545.htm.

⑦ 教育部．2004—2010年西部地区教育事业发展规划[EB/OL]．(2004-09-23)[2023-07-20]．http://www.moe.gov.cn/srcsite/A03/s7050/200409/t20040923_77142.html.

⑧ 国务院西部开发办等六部门印发《关于促进西部地区特色优势产业发展的意见》（国西办经〔2006〕15号）[EB/OL]．(2006-05-22)[2023-07-20]．http://www.reformdata.org/2006/0522/18483.shtml.

⑨ 西部大开发"十一五"规划[EB/OL]．(2006-12-08)[2023-07-20]．https://www.ndrc.gov.cn/fggz/fzzlgh/gjjzxgh/200709/P020191104623124380472.pdf.

续表1-2

序号	年份	政策文件名称
10	2007	国家发展改革委等六部门印发《关于加强东西互动深入推进西部大开发的意见》的通知①
11	2008	《中西部地区外商投资优势产业目录（2004年修订）》，2013年、2017年重新修订②
12	2009	国务院办公厅《关于应对国际金融危机 保持西部地区经济平稳较快发展的意见》③
13	2010	《国务院关于中西部地区承接产业转移的指导意见》④
14	2012	国家发展改革委组织编制《西部大开发"十二五"规划》⑤
15	2012	国家发展改革委发布《西部地区重点生态区综合治理规划纲要（2012—2020年）》⑥
16	2013	国家发展改革委等印发《科技助推西部地区转型发展行动计划（2013—2020年）》⑦
17	2013	国家发展改革委印发《西部地区重点生态区综合治理规划纲要（2012—2020年）》⑧

---

① 国家发展改革委等六部门《关于加强东西互动深入推进西部大开发的意见》[EB/OL].（2007－08－13）[2023－07－20]. http://wms.mofcom.gov.cn/article/ztxx/jgmy/201901/20190102823154.shtml.

② 中西部地区外商投资优势产业目录（2004年修订）[EB/OL].（2004－07－23）[2023－07－20]. https://www.gov.cn/gongbao/content/2005/content_64193.htm.

③ 国务院办公厅《关于应对国际金融危机 保持西部地区经济平稳较快发展的意见》（国办发〔2009〕55号）[EB/OL].（2009－10－10）[2023－07－20]. https://www.gov.cn/zhengce/content/2009－10/10/content_1642.htm.

④ 国务院关于中西部地区承接产业转移的指导意见（国发〔2010〕28号）[EB/OL].（2010－08－31）[2023－07－20]. https://www.gov.cn/zwgk/2010－09/06/content_1696516.htm.

⑤ 西部大开发"十二五"规划[EB/OL].（2012－02－20）[2023－07－20]. http://www.agri.cn/V20/SC/jjps/201202/t20120221_2486270_1.htm.

⑥ 西部地区重点生态区综合治理规划纲要（2012—2020年）[EB/OL].（2013－05－29）[2023－07－20]. https://www.ndrc.gov.cn/xxgk/zcfb/tz/201304/W020190905511720129420.pdf.

⑦ 发展改革委、中科院关于印发《科技助推西部地区转型发展行动计划（2013—2020年）》的通知（发改西部〔2013〕1280号）[EB/OL].（2013－07－02）[2023－07－20]. https://www.gov.cn/gongbao/content/2013/content_2501906.htm.

⑧ 发展改革委关于印发《西部地区重点生态区综合治理规划纲要》的通知（发改西部〔2013〕336号）[EB/OL].（2013－02－20）[2023－07－20]. https://www.gov.cn/gongbao/content/2013/content_2433562.htm.

续表 1-2

序号	年份	政策文件名称
18	2016	《国务院办公厅关于加快中西部教育发展的指导意见》①
19	2017	国家发展改革委印发《西部大开发"十三五"规划》②
20	2019	国家发展改革委印发《西部陆海新通道总体规划》③
21	2020	《中共中央 国务院关于新时代推进西部大开发形成新格局的指导意见》④

2020年3月3日，中共中央办公厅、国务院办公厅印发《关于构建现代环境治理体系的指导意见》⑤（简称《意见》），提出完善金融扶持、强化环保产业支撑。《意见》具体提出：要建立健全绿色发展基金、绿色债券、污染责任保险、排污权抵质押融资等绿色金融工具制度；要加强环保技术自主创新；要做大环保龙头企业，鼓励企业参与环保建设。《意见》旨在指导金融部门在活动决策中考虑环保因素，使用专项金融资源引导产业绿色转型。企业活动产生的污染所造成的负外部性损失往往低于其付出的成本，且这种损失难以准确衡量。我国过去走过的可持续发展路径类似于"先污染后治理"的道路，尚未实现可持续发展的均衡路径。⑥ 同时，依靠政府监督，难免产生"保护主义"或面临监督机制不完善等问题。而绿色金融侧重于借助市场这只"无形的手"，引导企业活动和政府行为，与政府环保监管形成有效互补，在一定程度上形成促进区域绿色发展的有效激励机制。绿色金融

---

① 国务院办公厅关于加快中西部教育发展的指导意见（国办发〔2016〕37号）[EB/OL]. (2016-06-15) [2023-07-20]. https://www.gov.cn/zhengce/content/2016-06/15/content_5082382.htm.

② 国家发展改革委关于印发《西部大开发"十三五"规划》的通知（发改西部〔2017〕89号）[EB/OL]. (2017-01-11) [2023-07-20]. https://www.ndrc.gov.cn/xxgk/zcfb/ghwb/201701/t20170123_962226.html.

③ 国家发展改革委关于印发《西部陆海新通道总体规划》的通知（发改基础〔2019〕1333号）[EB/OL]. (2019-08-02) [2023-07-20]. https://www.gov.cn/xinwen/2019-08/15/content_5421375.htm.

④ 中共中央 国务院关于新时代推进西部大开发形成新格局的指导意见 [EB/OL]. (2020-05-17) [2023-07-20]. http://www.gov.cn/xinwen/2020-05/17/content_5512456.htm.

⑤ 中共中央办公厅、国务院办公厅印发《关于构建现代环境治理体系的指导意见》[EB/OL]. (2020-03-03) [2023-07-20]. http://www.qstheory.cn/yaowen/2020-03/03/c_1125658197.htm.

⑥ 黄菁，陈霜华. 环境污染治理与经济增长：模型与中国的经验研究 [J]. 南开经济研究，2011 (1)：142-152.

的理念,来源于全面建设社会主义现代化国家远景目标的要求;绿色金融的实施机制,与我国日益完善的要素市场化配置体制高度一致;绿色金融的政策导向,有利于鼓励企业的环境保护行为,鼓励区域可持续发展行为。新常态下,我国经济社会发展对新旧动能的转换提出了新要求,应从更多依靠投资拉动经济发展向更多依靠消费、更多依靠创新拉动经济发展转变。改革开放以来,我国逐步从主要依靠劳动密集型、资源密集型产业发展,以及低附加值产品出口来拉动经济增长,向主要依靠知识和技术密集型产业发展,以及国内外消费来拉动经济增长转变。但是,在我国经济发展方式转变的进程中,市场经济的负外部性问题也有所暴露,一些地方付出了生态环境破坏、资源过度开采等发展代价。针对市场经济"公用地悲剧"的负外部性问题,近年来我国绿色金融逐步兴起和发展,这不仅有助于新常态下我国传统企业和产业的绿色转型,生产生活方式的全面绿色转型,还能有效促进我国在低碳环保领域各类新产业、新经济的迅速发展。事实证明,在创新、协调、绿色、开放、共享的新发展理念指引下,金融体系通过市场化的方式引导社会资本不断进入绿色低碳产业,有助于解决产能过剩和高污染、高能耗问题,促进绿色可持续发展,实现生产生活全面绿色转型的目标,有利于资源节约型和环境友好型社会的构建和发展。[①]

三、发展基础

(一)西部地区经济社会发展

根据相关统计年鉴数据计算发现,近年来西部地区经济总量显著扩大,在全国的占比不断提升,从2005年的18.19%增长到2019年的24.07%,西部地区对全国经济的影响不断增强(图1—1)。从地区经济增速来看,西部地区的经济增速变化趋势长期以来与全国趋势保持一致,均处于波动下降

---

① 秦昌才. 新旧动能转换中金融体系支撑的内涵及其作用[J]. 甘肃社会科学, 2019 (1): 159—165.

状态，体现出新常态下从高速增长向中高速增长转变的显著特征。同时，近年来西部地区的经济增速一直保持高于全国增速的态势。2005—2019 年，西部地区的 GDP 年均增速为 8.85%，比同时期全国年均增速高出约 2.94 个百分点，其中重庆市和贵州省的年均增速分别为 10.41% 和 9.79%，在西部地区各省（自治区、直辖市）中排名前 2 位，对西部地区经济增长起到显著支撑作用。分时间段来看，西部地区的 GDP 增长率在 2006—2007 年为增长状态，2008 年随着全国增速的大幅下降，西部地区也呈现为下降趋势，仅在 2008—2010 年小幅回升，之后长期处于下降状态。此外，西部地区内部经济发展不平衡问题比较明显。从 2019 年的数据来看，西部地区 12 个省（自治区、直辖市）中，地区生产总值排名前 3 位的依次为四川、陕西和重庆，全国排名分别为第 6 位、第 14 位和第 17 位，宁夏、青海和西藏的地区生产总值排在西部地区和全国的后 3 位。综上所述，虽然西部地区的经济发展水平在不断提升，而且地区经济增速长期赶超全国经济增速，但由于前期发展基础薄弱，相对东部地区而言，西部地区的经济发展依旧较为落后。

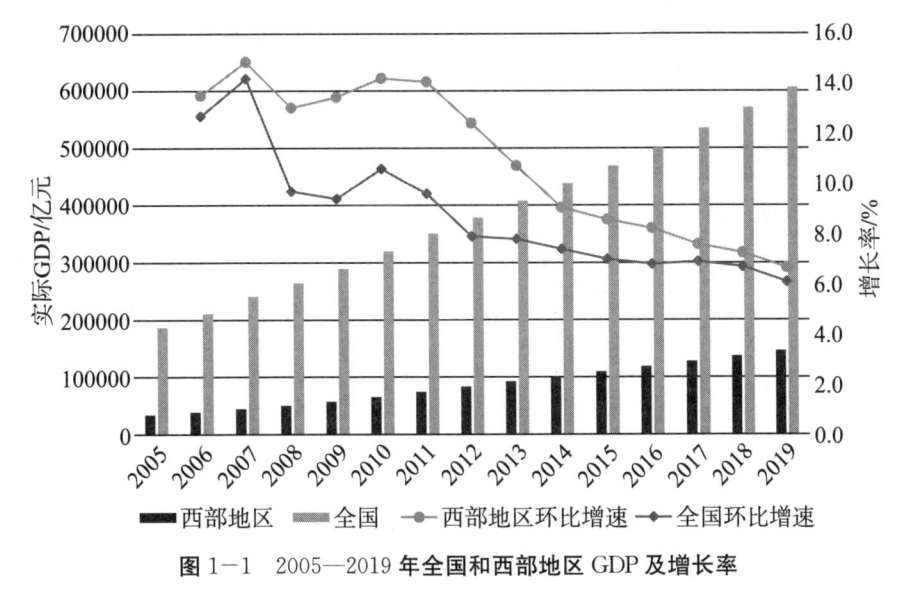

图 1-1 2005—2019 年全国和西部地区 GDP 及增长率

数据来源：2006—2020 年全国和西部地区 12 个省（自治区、直辖市）的相关统计年鉴。

根据相关统计年鉴数据计算发现，近年来西部地区的产业结构在不断优化，第一产业占比下降趋势明显，第三产业占比逐渐上升，产业结构已经从"一、二、三"逐渐转变为"三、二、一"（图 1-2）。具体来看，2005—

2019年，西部地区的第一产业产值占比长期高于全国水平，但差距在逐渐缩小；第二产业产值占比从2005年的42.93%增至2011年的49.95%，之后缓慢降低；第三产业产值占比长期低于全国水平且差值呈现先扩大再缩小的变化趋势，2016年以后第三产业产值占比显著提升，开始超过第二产业产值占比。至2019年，西部地区的三次产业占比分别为10.95%、37.92%、51.13%，分别比全国的三次产业占比高3.85个百分点、低1.08个百分点、低2.77个百分点。但是从产业发展质量来看，西部地区的第二产业发展尚难以改变以资源消耗和投资拉动为主要驱动力的粗放型发展模式，第三产业发展依然没有摆脱主要依赖投资拉动、政策推动的发展方式，实现高质量发展任重而道远，这也对西部地区绿色经济的可持续发展产生了一定阻碍。

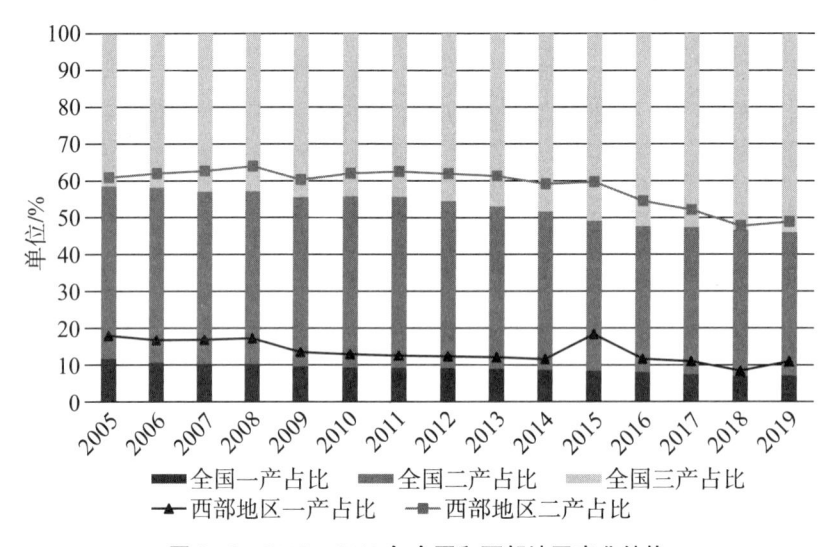

图1-2 2005—2019年全国和西部地区产业结构

数据来源：2006—2020年全国和西部地区12个省（自治区、直辖市）的相关统计年鉴。

城镇化水平在一定程度上可以衡量地区的经济社会发展状况。从近年来的城镇化指标来看，西部地区城市发展还处于比较落后的阶段，不同地区之间的发展水平存在较大差距，城乡二元结构问题尚未得到充分解决，城乡融合发展还面临诸多挑战（图1-3）。从2005—2019年的统计数据计算结果来看，近年来西部地区仅有重庆和内蒙古的城镇化率一直高于全国平均水平，其他10个省（自治区、直辖市）的城镇化率则一直低于全国平均水平。西部地区12个省（自治区、直辖市）中，城镇化水平最低的是西藏。从2019

年的城镇化数据来看，西藏的城镇化率仅为31.54%，相当于1997年左右的全国城镇化水平。西部地区很多地方地广人稀，人口居住相对分散，城镇化的落后会导致政府各项政策措施难以有效惠及所有群众，特别是公共服务的可达性相对较弱；而交通基础设施建设相对滞后，导致产业难以有效集聚发展，产业发展的规模效应难以发挥，进而限制地区产业结构升级和经济社会发展转型。但是从发展趋势来看，近年来西部地区各省（自治区、直辖市）的城镇化率都保持上升态势，这说明西部地区的新型城镇化在稳步推进，政策效果逐步显现。从提升幅度来看，2005—2019年，西部地区12个省（自治区、直辖市）中，城镇化率增幅超过20%的有陕西、贵州、重庆、四川，增幅分别达22.20%、22.15%、21.60%、20.79%，高于同期全国17.61%的平均增幅；西部地区12个省（自治区、直辖市）中有半数的城镇化率增幅高于全国平均水平，除陕西、贵州、重庆和四川外，还有云南和甘肃；西部地区12个省（自治区、直辖市）中，城镇化水平提升最为缓慢的是西藏，2005—2019年城镇化率仅增长了10.69%。

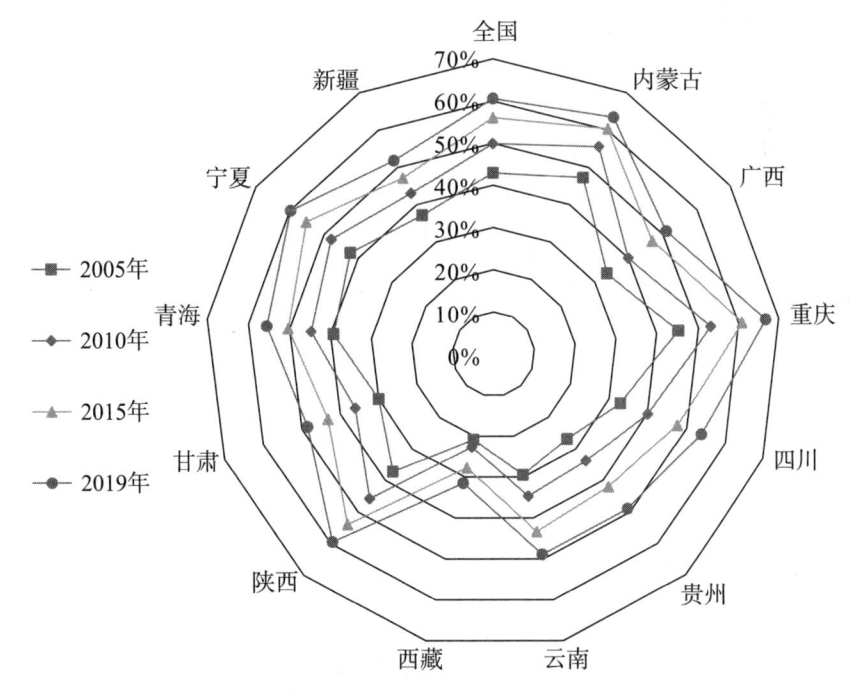

图1-3 2005—2019年全国和西部地区12个省（自治区、直辖市）的城镇化率

数据来源：2006—2020年全国和西部地区12个省（自治区、直辖市）的相关统计年鉴。

（二）西部地区资源环境保护

西部地区整体水资源丰富，但区域差异十分明显。西北部地区土地广阔，水源稀缺，多发干旱；西南地区气候湿润，水量丰富。由表1-3中数据可知，2017年，西部地区水资源总量高达全国水资源总量的56.77%。西部地区12个省（自治区、直辖市）中，西藏、四川、广西、云南、贵州和新疆的水资源尤为丰富，总量均超过1000亿立方米，在全国水资源总量超过1000亿立方米的省（自治区、直辖市）中占半数以上。西部地区的广西、重庆、贵州和云南4个省（自治区、直辖市）的年降水量也远高于全国平均水平。但是，西部地区也有部分省（自治区、直辖市）的水资源比较短缺，比如内蒙古、甘肃、青海和宁夏，这4个省（自治区）的水资源总量和年降水量都相对较低，一定程度上存在干旱缺水问题，对经济发展和人民生活都造成了不利影响。同时，由于西部地区的地形地貌特点，人口分布的不平衡和区域集聚性明显，因此西藏、青海等地广人稀的地区人均水资源量远高于全国平均水平，宁夏、甘肃、内蒙古、陕西等地的人均水资源量则均低于全国平均水平，人民生活生产用水困难。尤其是宁夏的人均水资源量仅为全国平均水平的7.66%，极大限制了当地经济社会的发展。

表1-3 2017年全国和西部地区水资源状况

地区	水资源总量/亿米^3	年降水量/（毫米/年）	人均水资源量/（米^3/人）
全国	28761	665	2075
内蒙古	310	208	1228
广西	2388	1806	4912
重庆	656	1275	2142
四川	2467	941	2979
贵州	1052	1175	2947
云南	2203	1352	4602
西藏	4750	632	142311
陕西	449	801	1175

续表1-3

地区	水资源总量/亿米³	年降水量/(毫米/年)	人均水资源量/(米³/人)
甘肃	239	318	913
青海	786	339	13189
宁夏	11	332	159
新疆	1019	192	4206

数据来源：2018年全国和西部地区12个省（自治区、直辖市）的相关统计年鉴。

由于拥有特殊的地理位置优势，西部地区不仅能源、土地资源和水资源充裕，还具有丰富的生物资源和极具特色的地形地貌，因此在西部地区分布着众多的自然保护区和地质公园，数量分别占全国总数的36.11%和35.11%（表1-4）。西部地区大半省（自治区、直辖市）都有重点保护生态环境、生态资源和生态安全的重任，同时也具有因地制宜发展特色生态文化旅游等第三产业的资源禀赋优势。在西部地区的12个省（自治区、直辖市）中，内蒙古、四川、云南和贵州的自然保护区数量都在100个以上，甘肃、四川、内蒙古、广西和贵州的地质公园数量都在20个以上。

表1-4 2017年全国和西部地区生态资源状况

地区	自然保护区数量/个	地质公园数量/个	保护区面积占辖区面积比重/%
全国	2750	544	14.30
内蒙古	182	22	10.70
广西	78	22	5.50
重庆	57	9	9.60
四川	169	29	17.10
贵州	124	20	5.10
云南	160	12	7.30
西藏	47	4	33.70
陕西	60	17	5.50
甘肃	60	32	20.80
青海	11	8	30.10

续表 1-4

地区	自然保护区数量/个	地质公园数量/个	保护区面积占辖区面积比重/%
宁夏	14	4	8.00
新疆	31	12	11.80

数据来源：2018 年全国和西部地区 12 个省（自治区、直辖市）的相关统计年鉴。

近年来，随着我国不断强调西部地区分布广泛的限制开发区、禁止开发区的主体功能地位，西部地区维护国家生态安全屏障功能的地位更加突出，探索人与自然和谐共生的中国式现代化发展道路的任务愈发重要。但是由于生态屏障的脆弱性，西部地区部分地方在过去粗放型发展过程中出现的生态环境严重破坏、资源过度开采等问题，短时期内难以自行修复。由表 1-5 中的数据可知，截至 2017 年，西部地区由于矿业开采累计占用、损坏土地面积约为 786255 公顷，占全国总量的 30.15%，主要集中在内蒙古、重庆和青海这 3 个省（自治区、直辖市）；沙化土地面积约为 165271 千公顷，占全国沙化土地面积的 96.02%。为了解决早期为发展经济而造成的生态环境问题，治理水土流失和土地沙化，近年来国家在西部地区生态环境修复方面投入了巨大的财力和物力。2017 年，全国治理恢复矿山面积中西部地区就占一半以上，其中重点治理地区在内蒙古和宁夏；西部地区新增水土流失治理面积 3653 千公顷，占 2017 年全国治理面积的 61.93%，重点治理地区在内蒙古、四川和甘肃。

表 1-5 2017 年全国和西部地区生态环境修复状况

地区	矿业开采累计占用、损坏土地/公顷	2017 年矿山环境治理恢复面积/公顷	累计水土流失治理面积/千公顷	2017 年新增水土流失治理面积/千公顷	沙化土地面积/公顷
全国	2607489	75778	125839	5899	172117498
内蒙古	200710	15511	13551	621	40787884
广西	65051	858	2464	179	186570
重庆	123366	207	3397	165	1308
四川	21171	1520	9457	477	863080
贵州	17637	1663	6815	258	2555

续表1-5

地区	矿业开采累计占用、损坏土地/公顷	2017年矿山环境治理恢复面积/公顷	累计水土流失治理面积/千公顷	2017年新增水土流失治理面积/千公顷	沙化土地面积/公顷
云南	52426	1680	9004	478	29420
西藏	11924	331	419	96	21583626
陕西	68636	4134	7765	280	1353940
甘肃	26870	1593	8581	720	12170243
青海	117470	733	1134	131	12461713
宁夏	27482	10170	2215	83	1124573
新疆	53512	3853	1420	165	74706423

数据来源：2018年《中国环境统计年鉴》，其中沙化土地面积数据为第五次全国荒漠化和沙化监测（2014年）数据。

（三）西部地区绿色金融基础

地方政府支持绿色金融发展的财政激励政策，是引导绿色金融发展的重要力量，也是西部地区绿色金融发展的重要基础。根据相关统计年鉴数据计算2015—2019年我国31个省（自治区、直辖市）[1]政府节能环保项目财政支出数据（表1-6），以此比较分析我国西部地区各省（自治区、直辖市）政府对绿色金融发展的财政支持力度。由表1-6中数据可见，2015年我国31个省（自治区、直辖市）中，政府节能环保项目财政支出排前5位的依次为广东（322.33亿元）、江苏（308.45亿元）、北京（303.26亿元）、河北（282.72亿元）、山东（217.08亿元），均为东部省份；排末5位的依次为天津（73.10亿元）、新疆（71.51亿元）、西藏（56.83亿元）、宁夏（45.49亿元）、海南（31.54亿元）。我国西部地区12个省（自治区、直辖市）中，没有一个进入前5位，有新疆、西藏、宁夏3个自治区排在末5位，亟待加大对绿色金融发展的财政支持力度。2019年，我国31个省（自

---

[1] 受限于数据获取，研究范围不包含台湾省、香港特别行政区、澳门特别行政区。

治区、直辖市）中，政府节能环保项目财政支出排前 5 位的依次为广东（747.44 亿元）、河北（502.50 亿元）、江苏（372.77 亿元）、河南（352.29 亿元）、安徽（312.12 亿元），有河南、安徽两个中部省份进入前 5 位；排末 5 位的依次为新疆（87.86 亿元）、青海（69.38 亿元）、海南（64.98 亿元）、宁夏（54.04 亿元）、西藏（40.91 亿元）。我国西部地区 12 个省（自治区、直辖市）中，依然没有一个进入前 5 位，且新增加青海排在末 5 位，青海和西藏两地政府对绿色金融发展的财政支持力度相比 2015 年还略有下降。由此可见，西部地区地方政府对绿色金融发展的财政支持力度相比东中部地区而言明显不足，亟待进一步加大对绿色金融发展的财政支持力度。

表 1-6　2015—2019 年 31 个省（自治区、直辖市）政府节能环保项目财政支出情况

（单位：亿元）

地区	2015 年	2016 年	2017 年	2018 年	2019 年
北京	303.26	363.38	458.44	399.45	308.81
天津	73.10	65.63	110.22	66.46	242.29
河北	282.72	262.80	353.45	433.55	502.50
山西	99.46	115.54	128.87	170.29	226.15
内蒙古	175.25	159.39	143.67	162.72	154.48
辽宁	116.79	87.24	106.53	94.21	129.73
吉林	117.70	122.14	115.12	120.79	147.97
黑龙江	155.52	113.44	193.20	154.09	211.06
上海	104.35	134.41	224.66	233.39	184.07
江苏	308.45	285.11	292.10	317.99	372.77
浙江	167.89	161.40	190.15	194.75	269.55
安徽	124.83	133.64	198.64	209.32	312.12
福建	95.57	130.35	120.65	124.04	179.55
江西	87.43	117.88	143.40	162.55	194.28
山东	217.08	239.28	236.84	287.20	306.50
河南	177.77	195.72	241.65	358.70	352.29

续表1-6

地区	2015年	2016年	2017年	2018年	2019年
湖北	145.84	145.64	139.71	211.30	282.13
湖南	149.00	170.85	173.28	190.89	242.68
广东	322.33	297.45	433.23	567.41	747.44
广西	98.68	90.70	85.11	79.45	99.84
海南	31.54	37.31	35.72	61.24	64.98
重庆	140.73	136.20	154.95	160.19	172.95
四川	169.31	166.35	197.75	226.90	267.01
贵州	96.49	127.09	125.39	134.38	188.53
云南	134.08	150.13	179.48	169.81	205.16
西藏	56.83	33.05	46.64	44.93	40.91
陕西	150.77	126.79	162.52	176.02	245.48
甘肃	95.35	95.25	102.20	127.82	106.52
青海	87.36	73.41	60.93	63.51	69.38
宁夏	45.49	36.69	57.61	72.38	54.04
新疆	71.51	65.07	54.66	94.33	87.86

数据来源：2016—2020年的《中国统计年鉴》及各省（自治区、直辖市）统计年鉴。

地区绿色债券发行数量及规模，可以反映地区绿色债券发展情况，也是我国西部地区绿色金融发展的重要基础之一。这里根据wind数据库相关数据计算2015—2019年我国31个省（自治区、直辖市）绿色债券发行的数量及规模（表1-7、表1-8），以此比较分析西部地区绿色债券业务发展情况。由表中数据可见，2015年我国31个省（自治区、直辖市）中仅有东部地区的江苏省发行了1只规模为10亿元的绿色债券。至2019年，绿色债券发行数量排在前5位的依次为广东（50只）、北京（43只）、云南（32只）、浙江（31只）、江苏（27只），其中仅有云南省为西部省份，其余皆为东部省份。2019年绿色债券发行数量为0只的共有4个省，包括西部地区的陕西，东北地区的吉林和黑龙江，东部地区的海南；发行数量为1只的共有5

个省（自治区），其中有青海、宁夏和西藏 3 个西部省份。由表 1-8 中数据可见，2019 年绿色债券发行规模排前 5 位的依次为北京（711.36 亿元）、广东（411.46 亿元）、江苏（240.51 亿元）、山东（240.50 亿元）、福建（212.80 亿元），均为东部省份；除了绿色债券发行数量和规模均为 0 的陕西、吉林、黑龙江和海南 4 个省，发行规模排末 5 位的依次为青海（15.00 亿元）、内蒙古（9.00 亿元）、辽宁（5.60 亿元）、宁夏（5.60 亿元）、西藏（3.00 亿元），其中有青海、内蒙古、宁夏、西藏 4 个西部省份。由此可见，西部地区绿色金融发展的绿色债券业务基础相对东中部地区而言同样显得薄弱，亟待大力发展。

表 1-7　2015—2019 年 31 个省（自治区、直辖市）绿色债券发行数量

（单位：只）

地区	2015 年	2016 年	2017 年	2018 年	2019 年
北京	0	19	32	25	43
天津	0	0	1	8	9
河北	0	0	4	6	10
山西	0	0	2	3	3
内蒙古	0	0	2	0	9
辽宁	0	0	3	1	1
吉林	0	0	0	0	0
黑龙江	0	0	3	0	0
上海	0	6	8	4	5
江苏	1	14	28	38	27
浙江	0	3	4	1	31
安徽	0	0	2	16	4
福建	0	8	0	6	13
江西	0	4	1	2	4
山东	0	4	7	5	22
河南	0	0	3	3	1

续表1-7

地区	2015年	2016年	2017年	2018年	2019年
湖北	0	7	22	5	17
湖南	0	0	6	4	8
广东	0	2	7	25	50
广西	0	0	0	1	17
海南	0	0	0	11	0
重庆	0	0	3	6	4
四川	0	0	9	2	7
贵州	0	0	9	3	15
云南	0	1	2	11	32
西藏	0	0	1	0	1
陕西	0	0	1	1	0
甘肃	0	0	2	0	2
青海	0	0	0	1	1
宁夏	0	0	0	0	1
新疆	0	9	1	3	2

数据来源：wind数据库。

表1-8 2015—2019年31个省（自治区、直辖市）绿色债券发行额度

（单位：亿元）

地区	2015年	2016年	2017年	2018年	2019年
北京	0.00	343.30	584.54	326.13	711.36
天津	0.00	0.00	2.00	22.42	50.68
河北	0.00	0.00	20.00	74.60	71.57
山西	0.00	0.00	12.80	26.20	62.45
内蒙古	0.00	0.00	7.50	0.00	9.00
辽宁	0.00	0.00	13.04	20.00	5.60

续表1-8

地区	2015年	2016年	2017年	2018年	2019年
吉林	0.00	0.00	0.00	0.00	0.00
黑龙江	0.00	0.00	50.00	0.00	0.00
上海	0.00	830.00	244.84	25.08	45.90
江苏	10.00	30.80	185.15	58.85	240.51
浙江	0.00	23.00	43.00	98.00	203.13
安徽	0.00	0.00	14.00	72.10	16.00
福建	0.00	526.46	0.00	611.20	212.80
江西	0.00	80.00	20.00	40.00	41.80
山东	0.00	80.00	32.33	87.10	240.50
河南	0.00	0.00	53.00	26.60	20.00
湖北	0.00	28.00	65.00	94.30	81.50
湖南	0.00	0.00	93.00	53.91	77.33
广东	0.00	15.00	93.00	166.13	411.46
广西	0.00	0.00	0.00	20.00	57.60
海南	0.00	0.00	0.00	3.00	0.00
重庆	0.00	0.00	40.40	101.00	37.60
四川	0.00	0.00	58.20	30.00	107.30
贵州	0.00	0.00	26.50	100.00	65.52
云南	0.00	5.00	17.50	39.00	16.23
西藏	0.00	0.00	10.00	0.00	3.00
陕西	0.00	0.00	15.00	10.00	0.00
甘肃	0.00	0.00	20.00	0.00	25.00
青海	0.00	0.00	0.00	1.70	15.00
宁夏	0.00	0.00	0.00	0.00	5.60
新疆	0.00	32.75	1.00	21.20	22.00

数据来源：wind数据库。

地区绿色上市公司市值与总上市公司市值之比,可以反映地区绿色股票发展情况,也是反映地区绿色金融发展情况的重要指标之一。由于广义的绿色产业涉及范围较广,且无明确的划分标准,故这里以 wind 数据库中节能环保相关概念板块的 A 股上市公司作为样本来展开统计。根据 wind 数据库中相关数据计算 2015—2019 年我国 31 个省(自治区、直辖市)绿色上市公司市值与总上市公司市值之比(表1-9),以此比较分析我国西部地区绿色股票市场发展情况。由表1-9 中数据可见,2015 年 31 个省(自治区、直辖市)中绿色股票市场发展排前 5 位的依次为重庆(29.17%)、河北(25.83%)、甘肃(19.60%)、河南(17.34%)、新疆(16.80%),其中有重庆、甘肃和新疆 3 个西部省份;排末 5 位的依次为贵州(1.93%)、云南(1.37%)、西藏(0.00%)、青海(0.00%)、海南(0.00%),有贵州、云南、西藏、青海 4 个西部省份排在末 5 位,亟待推动更多绿色股票的发行,缩小与我国东中部地区的差距。2019 年,31 个省(自治区、直辖市)中绿色股票市场发展排前 5 位的依次为宁夏(66.26%)、河北(24.01%)、重庆(18.75%)、福建(16.70%)、陕西(16.17%),其中有宁夏、重庆和陕西 3 个西部省份;排末 5 位的依次为北京(1.55%)、贵州(0.17%)、西藏(0.00%)、青海(0.00%)、海南(0.00%),其中有贵州、西藏、青海 3 个西部省份。由此可以看出,西部地区各省(自治区、直辖市)间绿色股票发展情况存在明显分化,需要进一步推进区域间协调发展。

表1-9　2015—2019 年 31 个省(自治区、直辖市)绿色上市公司市值占比

(单位:%)

地区	2015 年	2016 年	2017 年	2018 年	2019 年
北京	3.04	2.99	2.79	1.98	1.55
天津	10.55	9.30	10.52	7.64	7.50
河北	25.83	31.11	27.72	22.51	24.01
山西	5.67	7.59	6.19	4.68	10.11
内蒙古	5.16	4.96	5.82	5.06	3.57
辽宁	1.98	1.60	1.77	1.72	1.65
吉林	6.75	6.75	7.05	7.34	7.48

续表1-9

地区	2015年	2016年	2017年	2018年	2019年
黑龙江	2.69	2.63	2.87	2.39	2.22
上海	8.15	8.28	10.26	10.63	8.32
江苏	11.49	9.97	11.64	11.31	9.91
浙江	12.90	12.67	12.42	11.56	11.69
安徽	10.06	8.75	8.54	6.36	4.51
福建	8.24	8.11	7.02	16.64	16.70
江西	11.79	10.43	15.37	13.32	14.19
山东	5.36	4.67	3.67	4.19	4.37
河南	17.34	15.87	12.77	11.28	8.95
湖北	8.62	7.16	7.20	5.58	4.66
湖南	6.19	5.63	3.93	3.18	3.16
广东	8.89	8.96	7.69	6.83	5.97
广西	5.75	5.33	5.93	4.77	4.54
海南	0.00	0.00	0.00	0.00	0.00
重庆	29.17	28.77	26.46	22.08	18.75
四川	11.57	10.68	12.44	11.49	8.40
贵州	1.93	0.89	0.36	0.23	0.17
云南	1.37	3.53	3.78	7.47	8.01
西藏	0.00	0.00	0.00	0.00	0.00
陕西	7.10	7.17	13.83	12.48	16.17
甘肃	19.60	18.53	11.97	12.38	11.64
青海	0.00	0.00	0.00	0.00	0.00
宁夏	13.64	9.30	24.50	29.56	66.26
新疆	16.80	13.50	13.87	11.28	12.21

数据来源：wind数据库。

地区六大高耗能工业产业①利息支出占本地区工业产业利息总支出的比例，可以逆向反映地区绿色信贷支持的力度；地区节能环保项目贷款占地区项目贷款总额的比例，可以正向反映地区绿色信贷支持的力度。上述两个指标，可以从不同侧面反映西部地区绿色金融发展的绿色信贷基础情况。

根据 wind 数据库相关数据，计算 2015—2019 年我国 31 个省（自治区、直辖市）六大高耗能工业产业利息支出占本地区工业产业利息总支出的比例（表 1-10），以此作为逆向指标比较分析西部地区绿色信贷发展情况。由表 1-10 中数据可见，2015 年 31 个省（自治区、直辖市）中六大高耗能工业产业利息支出占本地区工业产业利息总支出的比例排末 5 位的依次为北京（27.01%）、浙江（29.65%）、上海（30.43%）、安徽（33.44%）、江苏（35.11%），说明这 5 个省（直辖市）非六大高耗能工业产业利息支出占本地区工业产业利息总支出的比例相对较高，绿色金融发展的绿色信贷基础相对较好，其中没有一个是西部省份；同期，31 个省（自治区、直辖市）中六大高耗能工业产业利息支出占本地区工业产业利息总支出的比例排前 5 位的依次为青海（90.40%）、云南（81.75%）、甘肃（81.75%）、西藏（80.93%）、贵州（70.92%），全部为西部省份，说明西部地区非六大高耗能工业产业利息支出占本地区工业产业利息总支出的比例整体相对较低，绿色金融发展的绿色信贷基础相对薄弱。

表 1-10　2015—2019 年 31 个省（自治区、直辖市）六大高耗能工业产业利息支出占本地区工业产业利息总支出的比例

（单位：%）

地区	2015 年	2016 年	2017 年	2018 年	2019 年
北京	27.01	34.07	24.71	21.94	19.17
天津	52.12	22.05	55.77	48.63	41.50
河北	54.78	54.82	52.73	53.26	53.78
山西	37.88	34.00	34.63	36.36	38.08
内蒙古	69.63	69.36	67.02	67.35	67.68

---

① 六大高耗能工业产业包括石油、煤炭及其他燃料加工业，化学原料及化学制品制造业，非金属矿物制品业，黑色金属冶炼和压延加工业，有色金属冶炼和压延加工业，电力、热力生产和供应业。

续表1-10

地区	2015年	2016年	2017年	2018年	2019年
辽宁	55.08	54.35	58.78	58.85	58.93
吉林	47.57	46.97	54.96	48.59	42.22
黑龙江	45.26	45.93	48.57	41.82	35.08
上海	30.43	33.17	32.79	33.08	33.36
江苏	35.11	35.39	33.71	33.64	33.57
浙江	29.65	30.27	29.94	29.42	28.90
安徽	33.44	31.53	32.60	35.66	38.72
福建	45.99	45.83	42.88	43.91	44.95
江西	53.14	49.80	48.15	44.20	40.24
山东	39.40	37.25	47.02	48.68	50.35
河南	46.99	44.65	46.96	47.64	48.32
湖北	50.42	47.26	43.66	41.63	39.60
湖南	46.77	45.54	40.17	41.00	41.83
广东	37.14	34.98	30.65	31.09	31.53
广西	55.44	54.67	55.84	57.08	58.33
海南	51.42	59.95	60.01	59.91	59.81
重庆	47.15	44.09	41.65	42.25	42.85
四川	54.91	55.36	53.69	53.77	53.85
贵州	70.92	68.55	70.70	70.97	71.25
云南	81.75	80.42	78.29	78.80	79.31
西藏	80.93	80.32	60.55	56.87	53.20
陕西	48.37	52.23	53.39	52.69	51.98
甘肃	81.75	78.43	78.65	77.21	75.78
青海	90.40	90.60	85.94	85.89	85.83
宁夏	60.90	68.58	73.04	72.82	72.59

续表1-10

地区	2015年	2016年	2017年	2018年	2019年
新疆	67.19	67.22	72.95	46.48	20.01

数据来源：wind数据库。

再分析表1-10中数据可见，2019年31个省（自治区、直辖市）中六大高耗能工业产业利息支出占本地区工业产业利息总支出的比例排末5位的依次为北京（19.17%）、新疆（20.01%）、浙江（28.90%）、广东（31.53%）、上海（33.36%），说明这5个省（自治区、直辖市）非六大高耗能工业产业利息支出占本地区工业产业利息总支出的比例相对较高，绿色金融发展的绿色信贷基础相对较好。其中，西部地区的新疆排名第2，且非六大高耗能工业产业利息支出占本地区工业产业利息总支出的比例相较2015年有大幅提升，可以在西部地区绿色信贷发展中发挥示范作用。同时期，31个省（自治区、直辖市）中六大高耗能工业产业利息支出占本地区工业产业利息总支出的比例排前5位的依次为青海（85.83%）、云南（79.31%）、甘肃（75.78%）、宁夏（72.59%）、贵州（71.25%），全部为西部省份，虽然其中云南、甘肃、青海3个省的数据相较2015年略有下降，但仍然高于50%。由此可见，西部地区绿色金融发展的绿色信贷基础整体依然相对薄弱，且西部地区内部各省（自治区、直辖市）间差异明显，亟待夯实绿色信贷基础并促进区域协调发展。

根据wind数据库相关数据，计算2015—2019年我国31个省（自治区、直辖市）节能环保上市公司贷款额占区域内上市公司总贷款额的比例[①]（表1-11），以此作为正向指标进一步比较分析西部地区绿色信贷发展情况。由表1-11中数据可见，2015年31个省（自治区、直辖市）中节能环保上市公司贷款额占区域内上市公司总贷款额的比例排前5位的依次为宁夏（26.54%）、天津（22.21%）、山西（21.31%）、江苏（14.90%）、浙江（13.56%），说明这些省（自治区、直辖市）绿色贷款占比相对较高，绿色金融发展的绿色信贷基础相对较好。其中，西部地区的宁夏排在第1位，可

---

① 鉴于无法直接获得各省（自治区、直辖市）节能环保项目贷款相关数据，这里借鉴北京国研网信息股份有限公司《中国绿色金融发展指数报告（2020）》中对绿色信贷指标替代指标的选取方式，通过计算各省（自治区、直辖市）节能环保上市公司贷款额占区域内上市公司总贷款额的比例，来获取替代指标。

为西部地区其他省（自治区、直辖市）提供示范。同时期，31个省（自治区、直辖市）中节能环保上市公司贷款额占区域内上市公司总贷款额的比例排末5位的依次为青海（0.00%）、西藏（0.00%）、海南（0.00%）、辽宁（0.22%）、黑龙江（0.50%），其中青海、西藏两个西部省份的绿色贷款占比均为0.00%，亟待实现绿色信贷的突破，补齐绿色金融发展的绿色信贷短板。

表1-11　2015—2019年31个省（自治区、直辖市）节能环保上市公司贷款额占区域内上市公司总贷款额的比例

（单位:%）

地区	2015年	2016年	2017年	2018年	2019年
北京	2.48	3.08	4.39	4.09	5.01
天津	22.21	29.88	20.08	13.92	19.79
河北	4.07	5.71	15.50	18.41	11.40
山西	21.31	19.31	13.05	13.91	10.61
内蒙古	5.05	9.43	6.29	8.36	8.91
辽宁	0.22	0.20	0.27	0.44	0.33
吉林	7.41	6.48	2.52	2.68	2.30
黑龙江	0.50	0.11	0.65	0.39	0.13
上海	3.68	4.37	5.12	7.33	10.07
江苏	14.90	19.72	19.28	16.68	15.82
浙江	13.56	14.75	15.44	15.78	15.99
安徽	4.29	4.21	6.38	7.44	9.88
福建	3.98	4.38	7.70	9.02	9.62
江西	1.49	1.80	4.17	4.18	5.25
山东	3.02	2.58	2.60	3.17	3.84
河南	5.71	4.39	7.05	7.25	5.77
湖北	2.52	4.34	4.09	6.46	7.28
湖南	1.85	1.56	2.09	2.88	2.68

续表1-11

地区	2015年	2016年	2017年	2018年	2019年
广东	9.96	11.25	10.82	10.78	10.47
广西	0.82	0.94	1.32	2.56	2.90
海南	0.00	0.00	0.26	0.30	0.16
重庆	9.07	8.25	8.94	14.75	15.11
四川	6.50	8.93	10.30	11.90	10.14
贵州	0.59	0.00	0.00	0.05	0.15
云南	1.53	1.30	2.11	3.62	5.68
西藏	0.00	0.00	0.00	0.00	0.00
陕西	3.73	4.03	7.75	6.13	12.62
甘肃	6.51	5.22	6.02	7.14	8.56
青海	0.00	0.00	0.00	0.00	0.00
宁夏	26.54	29.96	26.07	27.57	23.22
新疆	10.46	7.20	8.49	9.85	7.27

数据来源：wind数据库。

再分析表1-11中数据可见，2019年31个省（自治区、直辖市）中节能环保上市公司贷款额占区域内上市公司总贷款额的比例排前5位的依次为宁夏（23.22%）、天津（19.79%）、浙江（15.99%）、江苏（15.82%）、重庆（15.11%），说明这些省（自治区、直辖市）绿色金融发展的绿色信贷基础相对较好。其中，除宁夏和天津的绿色贷款占比相比2015年略有下降外，其余3个省（直辖市）的绿色贷款占比相较2015年均有提升，说明这些省（直辖市）绿色金融发展的绿色信贷基础进一步向好，而西部地区的宁夏要特别注意调整下降趋势，努力提升绿色贷款占比，为西部地区绿色发展持续贡献绿色信贷力量。同时期，31个省（自治区、直辖市）中节能环保上市公司贷款额占区域内上市公司总贷款额的比例排末5位的依次为青海（0.00%）、西藏（0.00%）、黑龙江（0.13%）、贵州（0.15%）、海南（0.16%）。相比2015年，西部地区新增加贵州排在末5位，且青海、西藏仍然未实现绿色信贷零的突破，说明西部地区绿色信贷发展的区域不协调问题亟待解决。

虽然环境污染责任保险数据最能够体现地区绿色金融发展的绿色保险基础情况，但由于目前我国的环境污染责任保险正处于起步阶段，国内权威统计资料尚无相关统计数据，加之农业保险具有最佳的替代性，故这里以地区农业保险作为绿色保险的替代指标，以反映我国西部地区绿色金融发展的绿色保险基础情况。

根据《中国保险年鉴》相关数据，计算 2015—2019 年我国 31 个省（自治区、直辖市）农业保险保费收入（表 1-12），以此作为正向指标深入比较分析西部地区绿色保险发展情况。由表 1-12 中数据可见，2015 年 31 个省（自治区、直辖市）中农业保险保费收入排前 5 位的依次为新疆（3505.20 百万元）、内蒙古（3135.26 百万元）、四川（2948.67 百万元）、黑龙江（2894.80 百万元）、湖南（2369.49 百万元），说明这些省（自治区）绿色保险发展较快，绿色金融发展的绿色保险基础相对较好。其中，西部地区有新疆、内蒙古和四川 3 个省（自治区）排在前 3 位，可为西部地区其他省（自治区、直辖市）提供示范。同时期，31 个省（自治区、直辖市）中农业保险保费收入排末 5 位的依次为西藏（173.42 百万元）、青海（208.03 百万元）、天津（256.50 百万元）、重庆（304.29 百万元）、宁夏（328.64 百万元），其中有 4 个西部省份。上述分析说明，2015 年西部地区绿色保险发展的区域差异较大，需要缩小各省（自治区、直辖市）之间的发展差距。

表 1-12 2015—2019 年 31 个省（自治区、直辖市）农业保险保费收入

（单位：百万元）

地区	2015 年	2016 年	2017 年	2018 年	2019 年
北京	574.05	600.12	638.74	777.20	815.78
天津	256.50	292.75	384.07	497.91	511.27
河北	2201.96	2287.10	2575.44	3074.58	3651.06
山西	566.13	636.18	778.04	941.86	1148.97
内蒙古	3135.26	3206.35	3253.54	3546.11	3964.36
辽宁	1407.86	1569.14	1731.69	2045.46	2509.05
吉林	1107.70	1482.84	1725.51	2024.22	2279.41

续表1-12

地区	2015年	2016年	2017年	2018年	2019年
黑龙江	2894.80	9873.11	3546.12	3968.71	4327.78
上海	807.28	642.17	684.71	739.79	866.05
江苏	1651.94	1694.17	1755.68	1888.84	3512.96
浙江	710.32	681.39	755.24	881.95	996.16
安徽	1951.94	2196.46	2421.22	2632.95	2707.40
福建	443.95	442.09	494.16	560.20	608.23
江西	772.74	811.05	1030.38	1427.87	1623.44
山东	1652.93	1864.92	2203.03	2641.05	3357.58
河南	1740.67	2791.33	3441.36	4567.25	4822.64
湖北	646.32	558.89	923.14	1188.64	1648.08
湖南	2369.49	2641.56	3141.86	3465.00	4018.53
广东	906.63	1083.74	1295.57	1549.48	1880.93
广西	634.13	888.22	1253.07	1688.45	1923.54
海南	360.33	371.18	462.31	840.36	976.67
重庆	304.29	314.15	410.77	618.00	620.03
四川	2948.67	3124.93	3547.68	3770.32	2695.68
贵州	518.94	646.17	829.67	1189.82	1363.53
云南	1195.08	1172.50	1174.05	1188.01	1645.99
西藏	173.42	229.38	350.22	563.73	715.20
陕西	540.45	648.24	748.41	1113.05	1418.97
甘肃	769.24	844.21	925.33	1152.97	1669.55
青海	208.03	280.89	334.87	514.91	809.50
宁夏	328.64	396.08	536.47	698.08	829.47
新疆	3505.20	3614.19	3992.41	4850.94	6683.46

数据来源：2016—2020年的《中国保险年鉴》。

再分析表1-12中数据可见，2019年31个省（自治区、直辖市）中农业保险保费收入排前5位的依次为新疆（6683.46百万元）、河南（4822.64百万元）、黑龙江（4327.78百万元）、湖南（4018.53百万元）、内蒙古（3964.36百万元），其中新疆、内蒙古两个自治区分别排在第2位和第3位，且绿色保险规模相较2015年均有所扩大，说明其绿色金融发展的绿色保险基础进一步夯实。同时期，31个省（自治区、直辖市）中农业保险保费收入排末5位的依次为天津（511.27百万元）、福建（608.23百万元）、重庆（620.03百万元）、西藏（715.20百万元）、青海（809.50百万元）。其中，重庆、西藏、青海3个省（自治区、直辖市）的绿色保险规模相较2015年均有大幅增长，但与东中部地区的差距依然明显，说明西部地区亟待夯实绿色金融发展的绿色保险基础。

地区碳排放权交易金额可以反映地区碳金融发展水平。这里以地区碳排放权交易金额来反映我国西部地区绿色金融发展的碳金融基础情况。根据wind数据库相关数据，计算2015—2019年我国31个省（自治区、直辖市）碳排放权交易金额（表1-13），以此作为正向指标深入比较分析西部地区碳金融发展情况。由表1-13中数据可见，2015年31个省（自治区、直辖市）中碳排放权交易金额排前5位的依次为湖北（3.47亿元）、广东（2.75亿元）、北京（0.59亿元）、上海（0.38亿元）、天津（0.14亿元），西部地区不仅没有一个省（自治区、直辖市）进入前5位，甚至仅有重庆市有0.02亿元的碳排放权交易金额，其余11个省（自治区、直辖市）2015年的碳排放权交易金额均为零，说明西部地区整体碳金融发展基础十分薄弱。

表1-13 2015—2019年31个省（自治区、直辖市）碳排放权交易金额

（单位：亿元）

地区	2015年	2016年	2017年	2018年	2019年
北京	0.59	1.20	1.24	1.87	2.56
天津	0.14	0.04	0.10	0.23	0.16
河北	0.00	0.00	0.00	0.00	0.00
山西	0.00	0.00	0.00	0.00	0.00
内蒙古	0.00	0.00	0.00	0.00	0.00
辽宁	0.00	0.00	0.00	0.00	0.00

续表1-13

地区	2015年	2016年	2017年	2018年	2019年
吉林	0.00	0.00	0.00	0.00	0.00
黑龙江	0.00	0.00	0.00	0.00	0.00
上海	0.38	0.33	0.83	0.97	1.10
江苏	0.00	0.00	0.00	0.00	0.00
浙江	0.00	0.00	0.00	0.00	0.00
安徽	0.00	0.00	0.00	0.00	0.00
福建	0.00	0.00	0.58	0.52	0.69
江西	0.00	0.00	0.00	0.00	0.00
山东	0.00	0.00	0.00	0.00	0.00
河南	0.00	0.00	0.00	0.00	0.00
湖北	3.47	2.07	1.83	1.97	1.81
湖南	0.00	0.00	0.00	0.00	0.00
广东	2.75	5.58	3.71	6.31	9.46
广西	0.00	0.00	0.00	0.00	0.00
海南	0.00	0.00	0.00	0.00	0.00
重庆	0.02	0.04	0.17	0.01	0.00
四川	0.00	0.00	0.00	0.00	0.00
贵州	0.00	0.00	0.00	0.00	0.00
云南	0.00	0.00	0.00	0.00	0.00
西藏	0.00	0.00	0.00	0.00	0.00
陕西	0.00	0.00	0.00	0.00	0.00
甘肃	0.00	0.00	0.00	0.00	0.00
青海	0.00	0.00	0.00	0.00	0.00
宁夏	0.00	0.00	0.00	0.00	0.00
新疆	0.00	0.00	0.00	0.00	0.00

数据来源：wind数据库。

再分析表 1-13 中数据可见，2019 年 31 个省（自治区、直辖市）中碳排放权交易金额排前 5 位的依次为广东（9.46 亿元）、北京（2.56 亿元）、湖北（1.81 亿元）、上海（1.10 亿元）、福建（0.69 亿元），西部地区不仅没有一个省（自治区、直辖市）进入前 5 位，甚至 12 个省（自治区、直辖市）的碳排放权交易金额均为零，说明西部地区整体碳金融发展基础相较 2015 年出现退步。

第二节 绿色发展的两大重要影响因素辨析

一、绿色全要素生产率辨析

（一）生产率

生产率是实际投入和实际产出的比率，是衡量生产过程的一个重要指标，体现了劳动、物质资本、自然资源等投入要素的有效利用程度。当研究一个国家或地区的宏观经济状况时，生产率指的就是该国家或地区在特定时间内各种生产要素投入之和转变为实际产出的效率。按照生产要素种类的不同，生产率可以分为劳动生产率、资本生产率、原材料生产率和能源生产率等，分别体现人力资源的配置水平、技术的应用程度、自然资源的利用效率等对生产活动的影响。按照生产要素的数量不同，生产率可以分为单要素生产率、多要素生产率和全要素生产率，体现不同的投入要素组合导致的生产效率变化。

(二) 全要素生产率

在社会生产活动中,大多数情况下是多种要素同时投入。在社会生产系统中,单个要素不能简单地相加,要素与要素之间具有替代补偿性。因此,总产出的变化不能用某一种投入要素或所有可计量投入要素变化的总和来衡量,而是在全部生产要素共同作用下,由技术进步、技术创新和规模经济等带来产出变化的整体结果。美国经济学家罗伯特·默顿·索洛(Robert Merton Solow,1956)的研究成果将经济增长分解为技术进步、资本积累、劳动增加三个部分,其中除去资本积累、劳动增加等有形物质的贡献后还有一个无法衡量的部分,这个"增长余值"就被定义为全要素生产率,通常视作由技术进步导致的增长。[①] 在此基础上,英国经济学家法瑞尔(M. J. Farrell,1957)在其论文《生产效率度量》中又将经济增长再次分解,归为要素投入增长、技术进步和技术效率提升三个部分,因此全要素生产率增长就等于技术进步与技术效率提升之和。[②]

(三) 绿色全要素生产率

绿色全要素生产率是在传统的全要素生产率基础上演化而来的。传统全要素生产率的测算只考虑了资本和劳动力的投入,与可持续发展息息相关的能源因素和环境因素往往被忽略。随着经济的高度发展,环境污染问题和资源承载问题越来越突出,人们在衡量发展效率的时候有必要将其考虑进去。绿色全要素生产率这一概念的重点在于"绿色"二字,即在测算全要素生产率时考虑到能源的不可持续性和环境污染这两个因素在现实中对生产过程造成的随机冲击,使全要素生产率具有"绿色"含义。

综上所述,最早的生产率只是劳动或者资本等单一的生产率。美国数学家柯布(C. W. Cobb)和经济学家保罗·道格拉斯(Paul H. Douglas)在共同探讨投入和产出的关系时创造了柯布-道格拉斯生产函数(Cobb-

---

[①] SOLOW R M. A contribution to the theory of economic growth [J]. The Quarterly Journal of Economics,1956,70 (1):65-94.

[②] FARRELL M J. The measurement of productive efficiency [J]. Journal of Royal Statistical Society, Series A (General),1957,120 (3):253-281.

Douglas production function），荷兰经济学家丁伯根（Tinbergen，1942）在此基础上增加时间趋势，开创性地提出全要素生产率的概念，并用它来衡量经济增长。在此基础上，罗伯特·默顿·索洛（Robert Merton Solow，1956）又将全要素生产率明确为除去资本积累、劳动增加等有形物质的贡献后带来的经济增长，通常视作由技术进步导致。随着工业化发展，环境污染对人们生产生活造成的影响不断凸显，越来越多的学者开始意识到资源环境对经济持续增长的重要性。但在传统全要素生产率的研究中，学者们仅考虑了物质投入因素与直接的物质产出，忽视了资源环境对经济社会发展的刚性约束，会导致经济绩效和社会福利水平的扭曲，因此有学者认为环境污染应该作为非期望产出纳入生产过程，以治理污染的成本作为替代指标。[1] 穆赫塔迪（Mohtadi，1996）将能源消耗与环境因素引入全要素生产率的测算体系中，赋予其"绿色"的内涵。[2] 绿色全要素生产率考虑了经济增长中的能源消耗与环境污染问题，与经济高质量发展的要求十分契合。作为促进经济主体绿色可持续发展的动力源泉之一，未来提升经济发展质量的关键就在于提升绿色全要素生产率。结合前人的研究成果，本书所研究的绿色全要素生产率可以理解为：在充分考虑资源环境的刚性约束以及环境污染的经济成本基础上，将环境因素作为经济发展的内生变量纳入传统全要素生产率核算体系，进而得到的体现可持续发展思想的全要素生产率。

二、绿色金融辨析

绿色金融的概念发端于20世纪70年代西方发达经济体设立的"生态银行""环保银行"，旨在支持环保项目。2003年国际银行间创立"赤道原则"，随后绿色金融衍生出"环境金融""可持续金融""气候金融""碳金融"等概

---

[1] PITTMAN R W. Multilateral productivity comparisons with undesirable outputs [J]. The Economic Journal，1983，93（372）：883−891.
[2] MOHTADI H. Environment, growth, and optimal policy design [J]. Journal of Public Economics，1996，63（1）：119−140.

念。[1] 绿色金融内涵丰富，国内外机构、政府尚未对其做出统一的定义。在国外学者中，萨拉查（Salazar，1998）从哲学层面，将绿色金融视作经济与环境统筹发展的桥梁。[2] 有学者从学科角度，侧重绿色金融向绿色产业提供投融资服务的功能。[3] 也有学者，如拉巴特和怀特（Labatt&White，2002）等，将绿色金融视作金融业用以改善环境的工具。[4] 约伊肯（Jeucken，2006）则侧重绿色金融促进金融业自身可持续发展的功能。[5] 国内学者早期对绿色金融的理解各有侧重。和秀星（1998）认为，绿色金融是金融行业在投融资方面向绿色产业倾斜的一项金融政策。[6] 高建良（1998）则认为，绿色金融是国家在以环境保护为基本国策的背景下，对金融业提出的要求。[7] 潘岳（2007）从绿色信贷、绿色保险角度将绿色金融理解为资本手段。[8] 2016年中国人民银行等七部委发布《关于构建绿色金融体系的指导意见》后，国内学者普遍认同其对绿色金融的定义，即"为支持环境改善、应对气候变化和资源节约高效利用的经济活动"[9]。绿色金融体系是国家在绿色发展理念引领下的一种制度安排。尽管国内外学者在研究中对绿色金融的理解有不同的侧重点，但其核心始终是服务于节能减排、生态文明建设和可持续发展的金融制度。

绿色金融并未完全脱离金融的范畴，对绿色金融的界定也可从金融概念中寻到依据。金融资源论将金融划分为金融工具体系、金融机构体系及金融工具运行发挥的作用和效果三个层次，从较为宏大的视角审视了金融的本质

---

[1] 王遥，潘冬阳，张笑. 绿色金融对中国经济发展的贡献研究［J］. 经济社会体制比较，2016（6）：33－42.

[2] SALAZAR J. Environmental finance：linking two world［Z］. In a Workshop on Financial Innovations for Biodiversity Bratislava，1998（1）：2－18.

[3] COWAN E. Topical issues in environmental finance［Z］. Research paper commissioned by the Asia branch of the Canadian International Development Agency，1999（1）：1－20.

[4] LABATT S，WHITE R. Environmental finance：A guide to environmental risk assessment and financial products［M］. Canada：John Wiley & Sons Inc，2002.

[5] JEUCKEN J. Sustainable finance and banking［M］. USA：The Earths Can Publication，2006.

[6] 和秀星. 实施"绿色金融"政策是金融业面向21世纪的战略选择［J］. 南京金融高等专科学校学报，1998（4）：22－25.

[7] 高建良. "绿色金融"与金融可持续发展［J］. 金融理论与教学，1998（4）：20－22.

[8] 潘岳. 谈谈环境经济新政策［J］. 环境经济，2007（10）：17－22.

[9] 中国人民银行、财政部等七部委关于构建绿色金融体系的指导意见（银发〔2016〕228号）［EB/OL］.（2016-08-31）［2023-07-30］. https：//www. mee. gov. cn/gkml/hbb/gwy/201611/t20161124_368163. htm.

及演进。同传统金融一样，绿色金融作为一种社会资源，以金融制度为保障，以资本为介质，基于市场规则运行，通过协调金融、经济、社会要素，实现资源有效配置，促进绿色产业发展。[1]绿色金融实践的落脚点是绿色金融产品的交易，即绿色资本的流动。当前个人的绿色投资行为多通过金融机构筹资再投资实现，发行绿色金融产品是金融机构开展绿色金融服务实践的主要手段。不可忽视的是，政府支出是当前绿色金融服务实践的重要资金来源，且政府公共投资对社会投资有着重要的导向性影响。[2]因此，本书认为，提供绿色金融服务的主体应该包括政府及金融机构。综上所述，本书认为绿色金融是在绿色发展理念引领下，政府及金融机构通过节能环保财政支出、绿色金融产品交易等手段，引导"三高一剩"工业转型升级，促进绿色产业发展的经济活动。这种经济活动包含着社会生产生活方式全面绿色转型的价值导向，其作用是支持生态环境改善，促进资源节约高效利用，应对气候变化，实现碳达峰和碳中和等。绿色金融产品包括绿色信贷、绿色债券、绿色保险、绿色基金、环境权益交易等。

关于绿色金融的经济效率的研究近年来开始兴起。金融效率是一个综合性概念。根据刘丹丹（2018）的金融效率研究综述[3]，国内学者关于金融效率的内涵目前尚无定论，主要有以下三种不同的观点。一是基于金融功能视角[4]，金融效率主要指金融机构和部门的投入与产出。二是基于金融资源视角[5]，金融效率是指金融资源的运用对金融系统自身发展效果的影响和其对整个国民经济运行结果的影响。三是基于金融系统的视角[6]，金融效率即金融资源配置效率。综合来看，目前大多数学者倾向于将金融效率划分为金融业的投资回报率和金融资源配置效率。其中，金融资源配置效率主要体现为金融资源流向的实体经济部门的投入产出率。

考虑到我国绿色金融发展的现实基础，本书提到的绿色金融的经济效率

---

[1] 崔满红，郭威. 金融资源理论：一个新的理论分析框架[J]. 经济学动态，2005（9）：69-71.
[2] 刘刚. 金融的本质及其演进[J]. 浙江金融，2007（2）：61-62.
[3] 刘丹丹. 金融效率研究综述[J]. 中国国际财经（中英文），2018（2）：260-262.
[4] 王锦慧. 金融开放条件下中国的金融效率与经济增长研究[D]. 上海：华东师范大学，2008.
[5] 康蕾. 试论宏观金融效率与经济增长[J]. 山西财经大学学报，2000（6）：72-74.
[6] 沈军，叶德珠，李嘉霖. 论金融发展理论中的金融效率[J]. 经济体制改革，2007（5）：111-113.

侧重于金融资源配置效率。实现碳达峰和碳中和目标的资金需求总体规模为百万亿元人民币级别，按现有绿色金融资金存量及增速，绿色金融长期资金缺口年均在1.6万亿元以上。面对巨大的资金缺口，政府财政资金手段覆盖有限，更多的还是需要发挥其引导作用，进一步强化资本市场的资金支持力度，撬动和吸引社会资金支撑绿色金融和绿色经济发展。[①] 但事实上，世界上多个国家的银行调查问卷结果显示，对于绿色投资活动，投资者首要关注的仍是经济回报。良好的投资回报是促进社会资本流向绿色金融的关键。绿色金融的投资回报取决于企业拥有的金融资源是否能够获得较高利润，因此绿色金融的长期发展需要绿色企业和绿色产业的健康持续发展。反之，绿色金融所服务的绿色企业和绿色产业，在以最大市场利润为长期目标进行经济活动的同时，将有利于支持生态环境改善，促进资源节约高效利用，应对气候变化，实现碳达峰和碳中和等，有助于解决市场经济"公用地悲剧"的负外部性问题，促进实现经济收益与环境收益的统一。因此，考虑到当前绿色金融供给多受到政策优惠和补贴，以及绿色金融服务绿色实体经济的最终目的，且实体经济部门的投入产出率提升会带动金融产业的发展，本书将绿色金融的经济效率定义为绿色金融服务的绿色经济活动投入产出率。

事实上，对绿色金融发展所呈现的区域特征的研究由来已久。关于区域这一概念，目前尚无统一界定。国家和政府层面，一般将其界定为国家内部一个经济相对完整的地区。国外学术界比较有代表性的观点由美国经济学家艾德加·M. 胡佛（Edgar Malone Hoover，1970）提出，其对区域的界定基于地区内部同质性，以政策计划应用作为核心目的。国内学者对区域的定义侧重于属性、功能等方面。薛东前等（2001）将区域理解为具有内聚力和同质性的地区，它以相对一致的标准而与相邻区域相区别。[②] 魏后凯（2006）将区域定义为发挥经济、社会、自然等方面功能的地理空间。[③] 综合已有研究，区域应是囊括经济、社会与生态环境三个子系统诸多要素的物质载体，是一个空间地理单元和行政单元的复合体。区域金融是区域经济发展的产物。由于要素禀赋的不同，各区域经济发展在规模、结构、速度等方

---

① 陈婉. ESG投资意识逐步深化——专访中央财经大学绿色金融国际研究院副院长施懿宸 [J]. 环境经济，2022（4）：32—37.

② 薛东前，董锁成，姚士谋，等. 区域发展的本质初探 [J]. 地理学与国土研究，2001（4）：76—80.

③ 魏后凯. 现代区域经济学 [M]. 北京：经济管理出版社，2006.

面产生差异。而在依据区域经济特征进行金融资源配置的过程中，不同区域内的金融服务对象、市场开发程度都会产生差异，从而形成区域金融。同时，资本作为具有较强流动性的生产要素，对不同区域支持力度与方向的差异性，亦会进一步加大区域间的发展差异。无论是从金融政策[①]还是从金融结构[②]的角度对区域金融进行界定，都无法脱离区域金融与区域经济相协调又相制约这一核心特征。

不同地区在经济发展水平、产业结构、资源禀赋及环境承载能力等方面具有不同特征，而绿色金融的发展模式同区域特定的生态资源环境与经济基础特征紧密相关。例如资源环境承载力决定了区域绿色发展难度、方向与功能定位，产业结构决定了区域产业转型压力大小。而且金融业本身的发展便存在区域间相对失衡的问题，各区域在金融发展水平、市场环境、金融业结构等方面存在差异，因此同一绿色金融政策在不同区域的实施效果也会有所不同。鉴于此，不同区域的绿色金融发展路径也应各有侧重。对于经济发达地区而言，绿色金融服务的实践重点可以是打造绿色金融集聚中心，推进绿色产业与金融的深度融合。对处于工业化中期的地区而言，绿色金融服务的实践重点可以是支持传统产业改造与绿色产业创新升级。对于生态环境承载力较弱的地区而言，绿色金融服务的实践重点可以是支持农业发展、鼓励新能源开发、促进生态经济发展等。综上所述，我们研究绿色金融的区域性，就是要努力发现绿色金融服务实践的区域特征，探寻绿色金融在不同区域的发展广度、结构变迁、效率高低，综合评判区域绿色金融与区域绿色经济的适配度，从而因地制宜地提出各地方发展绿色金融的特色路径建议。

2021年3月11日，第十三届全国人民代表大会第四次会议审查并通过了国务院提出的《中华人民共和国国民经济和社会发展第十四个五年规划和2035年远景目标纲要》[③]，明确提出"促进经济社会发展全面绿色转型"的新命题，指出了新时代推进生态文明建设的基本路径。在此背景下，本书对西部地区绿色发展的绿色金融重要影响因素的跨区域比较研究，可以提供绿

---

① 周建松. 区域金融论 [J]. 江汉论坛, 1989 (6): 39—42.
② 支大林, 祝晓波. 区域产业结构变迁中的金融结构因素分析 [J]. 东北师范大学学报（哲学版）, 2004 (2): 58—64.
③ 十三届全国人大四次会议表决通过关于"十四五"规划和2035年远景目标纲要的决议 [EB/OL]. (2021—03—11) [2023—07—30]. https://www.gov.cn/xinwen/2021—03/11/content_5592248.htm.

色发展路径的绿色金融研究视角。以往研究成果大多从金融机构视角进行绿色金融发展水平测度，少有反映绿色金融区域发展成效的。从我国省级行政区划及东部、中部、西部、东北地区四大经济区划层面研究绿色金融更加符合我国金融发展的现实情况，更能够深入地分析形成绿色金融区位差异的原因。本书以我国省级行政区划以及东部、中部、西部、东北地区四大经济区划为空间单元，分别测度并比较区域绿色金融发展水平，进一步采用探索性空间计量分析方法，深入研究我国区域绿色金融空间分异及其影响因素，有助于认识近年来我国区域绿色金融发展水平的时序变化及空间分布特征，提出促进区域绿色金融协调发展的政策建议，进一步增强区域间绿色金融发展的协调水平和合作紧密程度。本书对区域绿色发展的绿色金融重要影响因素的研究，还可以客观比较分析西部地区12个省（自治区、直辖市）的绿色金融发展水平差异及形成原因，以及西部地区与东部、中部、东北地区绿色金融发展水平的差异及形成原因。当前，我国绿色金融在区域间存在资源分布失衡等问题，全面、客观地对区域绿色金融发展水平进行测度，有助于清晰认识绿色金融发展在区域间的差异，从而促进绿色金融在区域间协调发展。本书在过往学者对绿色金融发展水平测度指标体系研究的基础上，从绿色金融服务供给角度，构建了包含绿色金融产品规模及政府环保专项财政支出的绿色金融发展水平测度指标体系，为更加全面且客观地测度区域绿色金融发展水平提供研究框架。本书在前人研究的基础上，将基础设施、政策激励、经济效率等纳入影响因素研究框架中，分析了各因素在不同区域对绿色金融发展空间分异的影响程度及交互作用，并从重要影响因素方面提出促进区域绿色金融优化发展的路径建议，可以为更全面地研究西部地区绿色金融发展水平空间分异的影响因素提供参考，也可以为后续相关研究提供借鉴。

第二章

绿色发展相关理论梳理及研究综述

第一节 国内外相关理论梳理

一、"两山"理论

关于"两山"理论的研究，大致可分为三个阶段[①]：第一阶段即研究基础阶段（2005年前），多集中于对生态保护和可持续发展等相关问题的研究。第二阶段即研究兴起阶段（2005—2013年），"绿水青山就是金山银山"这一科学论断的首次提出，促进了"两山"理论研究的迅速兴起，关于生态经济、循环经济、绿色经济和环境友好型产业等的研究成果逐渐丰富。第三阶段即系统研究阶段（2013年至今），"我们既要绿水青山，也要金山银山。宁要绿水青山，不要金山银山，而且绿水青山就是金山银山"[②]，从不同角度诠释了经济发展与环境保护之间的辩证统一关系，标志着"两山"理论的完整形成，成为习近平新时代中国特色社会主义思想不可或缺的重要内容。此后，国内学者系统地从理论渊源、思想内涵、实践价值等多个视角研究了"两山"理论：一是理论渊源视角，认为"两山"理论进一步丰富和发展了马克思主义生产力要素构成理论、自然资源利用与生产力发展关系理论、劳动价值理论等，是对社会生产力总体发展方式的认识飞跃（卢宁，2016[③]；

---

① 陈建成，赵哲，汪婧宇，等．"两山理论"的本质与现实意义研究［J］．林业经济，2020（3）：3−13．

② 中央文献研究室．习近平关于社会主义生态文明建设论述摘编［M］．北京：中央文献出版社，2016：21．

③ 卢宁．从"两山"理论到绿色发展：马克思主义生产力理论的创新成果［J］．浙江社会科学，2016（1）：22−24．

张孝德，2016①；卢国琪，2017②；叶冬娜，2020③；等）。二是思想内涵视角，认为"两山"理论深刻揭示了生态环境保护和经济发展间的辩证统一关系，"两山"生态资源价值构成与实现的二重性以及价值转化的实践性，是习近平生态文明思想和绿色发展理念的精髓（林坚，2019④；胡咏君等，2019⑤；孙要良，2020⑥；胡振通、王亚华，2021⑦；等）。三是实践价值视角，通过对"两山"理论在全国多个地方、各类产业实践的研究指出，"两山"理论为生态扶贫、绿色发展、乡村振兴和高质量发展等国家重大战略实施，以及"'两山'指数"研发应用等提供了重要理论指引（齐骥，2019⑧；刘东生，2020⑨；等）。随着生态文明建设的持续推进，"两山"理论不断完善，明确了改善生态环境就是发展生产力，强调发展社会生产力的同时要更加关注生态环境保护，将生态环境与经济发展进一步结合。生态文明中以人为本、人与自然和谐共生的生态理念和以绿色为导向的生态发展观，为绿色发展提供了丰富的内涵。绿色经济增长不仅是经济高质量发展的主要方面，更是实现生态和谐发展的重要路径。同时，习近平生态文明思想中包含的人民福祉内涵也是本书研究西部地区绿色发展问题的重要价值归宿，对后文研究绿色全要素生产率增长对经济社会发展的促进作用具有理论指导作用。

---

① 张孝德. "两山"之路是中国生态文明建设内生发展之路——浙江省十年"两山"发展之路的探索与启示 [J]. 中国生态文明, 2015 (3)：28-34.

② 卢国琪. "两山"理论的本质：什么是绿色发展，怎样实现绿色发展 [J]. 观察与思考, 2017 (10)：80-87.

③ 叶冬娜. 习近平"两山理论"对马克思主义生产力理论的丰富和发展 [J]. 广西社会科学, 2020 (12)：8-12.

④ 林坚. "两山"理论的哲学思考和实践探索 [J]. 前线, 2019 (9)：4-6.

⑤ 胡咏君, 吴剑, 胡瑞山. 生态文明建设"两山"理论的内在逻辑与发展路径 [J]. 中国工程科学, 2019 (5)：150-158.

⑥ 孙要良. "绿水青山就是金山银山"理念实现的理论创新 [J]. 环境保护, 2020 (11)：36-38.

⑦ 胡振通, 王亚华. 中国生态扶贫的理论创新和实现机制 [J]. 清华大学学报（哲学社会科学版），2021 (1)：168-206.

⑧ 齐骥. "两山"理论在乡村振兴中的价值实现及文化启示 [J]. 山东大学学报（哲学社会科学版），2019 (5)：145-155.

⑨ 刘东生. "两山"理论的哲学意蕴与贯彻落实 [J]. 民主与科学, 2020 (1)：17-21.

二、可持续发展理论

在认识到大量利用自然资源难以取得经济长期持续发展的背景下，世界开始寻求另一种可持续的、不破坏资源再生和环境自我净化能力的经济发展模式。美国作者蕾切尔·卡森（Rachel Carson，1962）的《寂静的春天》[1]一书再次唤醒了人们的环境保护意识，使环境保护问题成为一项引起广泛关注的社会问题。美国作者德内拉·梅多斯（Donella H. Meadows，1972）、乔根·兰德斯（Jorgen Randers，1972）和丹尼斯·梅多斯（Dennis L. Meadows，1972）在《增长的极限》[2]一书中指出人口和经济需求的增长必将导致地球资源耗竭和生态破坏，并为解决这一问题提出了"合理的持久的均衡发展"概念。以时任挪威首相的布伦特兰夫人为主席的联合国世界环境与发展委员会于1987年4月发表题为《我们共同的未来》的报告，首次正式提出可持续发展概念，并将其定义为"既满足当代人需要，又不损害后代人满足其需要的能力的发展"[3]。可持续发展理论具有双重内涵，在强调限制能源无限消耗、改善环境质量的重要性的同时，还要求经济实现长期的、持续性的增长。可持续发展理论要求经济增长质量达到一定水平，而这正是研究绿色全要素生产率的意义所在。本书以可持续发展理论的内涵为重要支撑，在绿色全要素生产率测度和影响因素研究框架的搭建中融入可持续发展理论的思想，充分考虑地区经济发展与人口、资源、环境、社会等各个方面的整体协调发展关系。

---

[1] 卡森. 寂静的春天 [M]. 吕瑞兰，李长生，译. 上海：上海译文出版社，2008.
[2] 梅多斯DH，兰德斯，梅多斯DL. 增长的极限 [M]. 李涛，王智勇，译. 北京：机械工业出版社，2013.
[3] 世界环境与发展委员会. 我们共同的未来 [M]. 王之佳，等译. 吉林：吉林人民出版社，1997.

三、绿色增长理论

绿色增长理论是在可持续发展理论和经济增长理论的基础上衍生出来的。绿色增长理论强调以环境保护和资源节约为中心，契合绿色发展理念的新型经济增长方式。传统的经济增长理论一般认为，经济增长用国内生产总值和人均国民收入水平衡量，在讨论影响经济增长的主要因素时，主要考虑资本、劳动、技术进步和制度等，忽视了环境污染问题这一重要因素对经济社会发展的影响。因此，有必要在经济增长理论中纳入资源投入和环境污染影响因素，由此产生了"绿色经济增长理论"[1]。按照经济合作与发展组织（OECD）的界定，绿色增长是指在确保自然资产能够继续为人类幸福提供各种资源和环境服务的同时，能够实现的经济增长。[2] 绿色增长理论的本质在于保证自然资源能够得到合理利用，主要目标是建立降低生产过程中不可再生资源投入和减少污染排放的绿色发展模式。相较于可持续发展理论，绿色增长理论更加关注对自然资源的保护。在绿色增长理论视域下，绿色全要素生产率是绿色经济长期增长的重要动力源泉之一。本书以绿色增长理论为基础，在全要素生产率的投入产出框架中引入资源投入和环境污染两大影响因素，研究近年来西部地区 12 个省（自治区、直辖市）的绿色全要素生产率随时间变化的趋势及空间差异特征，在此基础上进一步探究各省（自治区、直辖市）实现绿色增长和绿色发展的现实路径。

---

[1] BOWEN A. Green growth, green jobs and labor markets [R]. Policy Research Working Paper, 5990, Washington, DC: World Bank, 2012.
[2] OECD. Towards green growth [R]. OECD Green Growth Studies, 2011.

四、外部性理论

外部性是指生产者或消费者自身的行为对其他主体产生了影响，根据其影响的好坏可以分为负外部性和正外部性。负外部性导致其他主体成本增加或利益受到损害，正外部性则为其他主体带来额外的收益。英国经济学家阿尔弗雷德·马歇尔（Alfred Marshall，1890）在《经济学原理》一书中讨论了企业内部和外部影响企业成本变化的各种因素，其中"外部经济"就是指由企业外部的各种因素导致的生产费用减少，外部性理论在此初见轮廓。[①] 英国经济学家亚瑟·赛斯尔·庇古（Arthur Cecil Pigou，1920）在阿尔弗雷德·马歇尔所做研究的基础上，扩充了"外部不经济"的概念和内容，并从福利经济学的角度将视角从外部因素对企业的影响转向企业或居民对其他企业或居民的影响，创新性地使用边际私人净产值和边际社会净产值的背离来解释外部性产生的原因。[②] 根据这一理论提出的"庇古税"成为解决外部性问题的重要手段，至此，外部性理论基本完善。英国经济学家罗纳德·哈里·科斯（Ronald H. Coase，1960）在《社会成本问题》中批判"庇古税"，形成了科斯定理，认为只要解决交易费用问题，资源的最优配置可以通过市场交易和自愿协商达到。也就是说，解决外部性问题可以以市场交易的形式达到，进一步扩充了外部性理论。[③] 环境污染问题是一种典型的外部性问题，生产生活所造成的环境污染势必会对处在这一环境中的各类主体产生影响。绿色全要素生产率研究正是在考虑到环境污染具有显著负外部性的基础上展开的。根据外部性理论，尝试将环境污染导致的负外部性内部化，纳入经济增长核算体系，测算出真实的经济生产效率，才能较为真实地体现区域绿色经济的发展水平和发展潜力。

[①] 马歇尔. 经济学原理 [M]. 文思，编译. 北京：北京联合出版公司，2015.
[②] 庇古. 福利经济学 [M]. 何玉长，丁晓钦，译. 上海：上海财经大学出版社，2009.
[③] 高建伟，牛小凡. 科斯《社会成本问题》句读 [M]. 北京：经济科学出版社，2019.

五、萨伊定律

萨伊定律是供给学派的主要理论依据之一，其核心观点在于供给能够创造其本身的需求。[1] 萨伊定律产生于资本主义发展初期，当时资产阶级的财富积累需求旺盛，但生产因战争而萧条，造成严重的供不应求。[2] 在此背景下，经济增长的基础主要在于供给增加。萨伊定律存在明显的局限性，即对需求的忽视，具体到某一商品，需求并不是无限的，一味增加供给，会导致供需间错配。[3] 尽管从宏观经济的总供给和总需求视角来看，萨伊定律存在明显的局限性，但其从结构上进行的供需均衡分析对当今我国正在实施的供给侧结构性改革具有一定启发和借鉴意义。萨伊定律提出的供给自动创造需求，隐含着供给侧和需求侧两方结构的匹配，从而解决了宏观经济有效需求不足的问题。[4] 金融作为现代经济的血液，其实质是一种服务，其价格能有效调节市场主体的融资行为。绿色金融服务的供给，与绿色企业和绿色产业的融资需求相匹配，从而推动绿色产业发展，绿色产业发展水平提升后，又反过来对绿色金融服务产生新的需求，由此形成一个从金融服务端开始的正反馈机制。部分新兴环保产业发展基础薄弱、投资回报周期长、发展风险较大，而传统金融注重资金周转及风险管控，如果没有绿色金融为这类企业和产业提供投融资支持，会在资金融通环节制约其发展。此外，我国政策大力支持的绿色金融发展有助于形成消费、投资、生产的绿色经济活动链，完善绿色经济体系。综上所述，绿色金融的服务供给是金融结构的优化，也是我国生产生活全面绿色转型不可或缺的重要支撑。根据萨伊定律，绿色金融服务供给能够创造绿色发展需求，推动供给侧结构性改革在绿色金融服务业的实践，促进金融服务机构从资金端提高绿色金融服务的质量和效率。为此，本书在萨伊定律指导下，重点从供给侧选择绿色金融产品、政府节能环保财

---

[1] 赵茂林，潘越. 萨伊经济理论评析及其启示 [J]. 湖北经济学院学报（人文社会科学版），2020，17（8）：34—36.
[2] 赵平. 萨伊定律批判 [J]. 江汉论坛，2007（1）：91—93.
[3] 金鑫. 对萨伊定律的解读 [J]. 中央财经大学学报，2016（5）：90—96.
[4] 金鑫. 对萨伊定律的解读 [J]. 中央财经大学学报，2016（5）：90—96.

政支出等指标,构建区域绿色金融发展水平的测度指标体系。

六、金融发展理论

早期对金融发展理论的讨论多见于经济增长理论中。在古典经济学家的论述中,大卫·休谟强调货币供给增加会使得实际产量增加。[①] 约瑟夫·阿洛伊斯·熊彼特进一步完善了金融发展理论,他在《经济发展理论》中表示金融体系的融资功能使得创新成果得以在经济发展中实现。[②] 随后,凯恩斯主义的兴起进一步提高了货币金融理论在经济学分析中的地位。随着金融深化理论的日益完善,经济学家更为关注金融自身的发展规律。雷蒙德·W. 戈德史密斯指出,金融理论的职责在于找出决定一国金融结构、金融工具存量和金融交易流量的主要经济因素,并阐明这些因素怎样相互作用,从而形成金融发展。他强调,金融机构在不同区域、不同时期是不尽相同的,会随着经济发展而发生演变。[③] 金融是现代经济发展的血液,经济发展离不开金融,不同的外部经济环境又会形成不同的金融发展格局。因此,本书在研究西部地区绿色金融发展水平空间分异的影响因素时,从金融发展角度将人力资本质量、科技创新水平、政策激励、工业化水平等纳入实证分析框架中进行研究。

七、地理学定律

地理学第一定律是托布勒(Tobler,1970)从空间角度对地理现象提出的观点:"任何事物都是空间相关的,距离近的事物比距离远的事物的空间

[①] 兰德雷斯,柯南德尔. 经济思想史 [M]. 4 版. 周文,译. 北京:人民邮电出版社,2014.
[②] 熊彼特. 经济发展理论 [M]. 何畏,译. 北京:商务印书馆,1990.
[③] 戈德史密斯. 金融结构与金融发展 [M]. 周朔,译. 上海:上海人民出版社,1996.

相关性更大。"① 地理学第一定律是一个概括性描述，强调要素在相邻空间的相互影响作用。地理学第二定律又称空间异质性定律，由安瑟兰（Anselin，1989）提出，其核心内容在于不同空间的相同要素观测属性具有差别。② 空间异质性主要包括两类：一是空间区域异质性，指在区域内存在热点或冷点；二是空间分层异质性，指多个区域之间的要素关联程度不同，例如收入水平与受教育程度的联系紧密度在东、中、西部及东北地区有明显差异③。目前地理学第一、第二定律得到了学界的普遍认同。地理学第三定律更接近于第一定律的延伸，其核心内容是将地理距离延伸为地理属性，即两区域在同一属性上类似，可视为在该属性上距离更近。不同于第一、第二定律只考虑地理现象在空间上的连续性特征，第三定律关注目标地理要素与其他地理要素组合在所在点上的相互关系或相互作用④，研究区域在空间上不一定衔接，但区域地理要素组合具有相似性⑤。在测度我国区域绿色金融发展水平的基础上，本书根据地理学第一、第三定律，重点关注区域间经济属性的相似度，构建经济距离矩阵并进行西部地区绿色金融发展指数的空间自相关分析，从而探究我国西部地区 12 个省（自治区、直辖市）空间单元绿色金融发展的空间特征，以及我国东、中、西部和东北部地区四大经济区划空间单元绿色金融发展的空间特征。在地理学第二定律指导下，本书重点选用地理探测器模型，分析各影响因素对我国西部地区 12 个省（自治区、直辖市）空间单元以及我国四大经济区划空间单元绿色金融发展水平空间分异的解释力及在不同区域解释力的差异性，在此基础上进一步分析各影响因素之间的交互作用。

---

① TOBLER W. A computer movie simulating urban growth in the Detroit region [J]. Economic Geography, 1970, 46 (S1): 234-240.

② ANSELIN L. What is special about spatial data? Alternative perspectives on spatial data analysis (89-4) [R]. Santa Barbara, CA: National Center for Geographic Information and Analysis, 1989.

③ 黄嘉文. 教育程度、收入水平与中国城市居民幸福感———项基于 CGSS2005 的实证分析 [J]. 社会, 2013, 33 (5): 181-203.

④ 朱阿兴, 间国年, 周成虎, 等. 地理相似性: 地理学的第三定律？[J]. 地球信息科学学报, 2020, 22 (4): 673-679.

⑤ 张承惠, 谢孟哲, 田辉, 等. 发展中国绿色金融的逻辑与框架 [J]. 金融论坛, 2016, 21 (2): 17-28.

第二节 国内外相关研究综述

一、相关文献计量分析

(一) 时间序列统计

CiteSpace 可通过对某研究领域文献关键词、主题、作者、机构等信息的分析，揭示该研究领域发展状况，并形成直观的可视化知识图谱。[①] 本书基于 2008—2021 年绿色全要素生产率相关研究文献，运用 CiteSpace 5.7 可视化分析工具，绘制绿色全要素生产率研究的知识图谱，呈现绿色全要素生产率研究趋势变化。为保证数据的权威性和准确性，通过知网（CNKI）数据库获取绿色全要素生产率国内外相关研究文献，文献来源类别为全部期刊和硕博士论文。以"主题=＜绿色全要素生产率＞"进行检索，截至 2021 年 3 月 4 日，共得到相关文献 864 篇。剔除非学术文献、重复文献及相关度不高的文献，筛选出有效研究文献 809 篇，其中中文文献 725 篇，英文文献 84 篇。

通过对绿色全要素生产率相关研究成果进行时间序列统计分析（图 2-1），可以较为全面地掌握该领域相关研究所处的阶段，了解该主题历年被关注的情况。对绿色全要素生产率的研究在国内起步较早，但在较长时间内的研究成果较少。数据库中第一篇文献为 2008 年浙江大学博士生的毕业论文。2009 年，李俊、徐晋涛在论文中首次使用"绿色全要素生产率"重新评价

[①] 胡春阳，刘秉镰，廖信林. 中国区域协调发展政策的研究热点及前沿动态——基于 CiteSpace 可视化知识图谱的分析 [J]. 华南师范大学学报（社会科学版），2017（5）：98-109，191.

全国各省份经济发展的质量,并比较了使用这种新的指标与常规全要素生产率指标的评价结果的差异。[①] 2010 年,陈诗一测算了考虑环境约束的工业绿色生产率。[②] 自 2011 年开始,关于绿色全要素生产率的研究成果逐年增多。从 2016 年开始,相关论文发表数量迅速增长。

根据文献的年度分布,可将绿色全要素生产率研究分为三个阶段:2008—2011 年的发文数量较少,4 年内发文 7 篇,仅占全部样本文献的 0.87%,表明在此期间绿色全要素生产率尚未引起学术界的高度关注。2012—2016 年,绿色全要素生产率逐渐引起更多关注,发文量缓慢增长,从 2012 年的 10 篇增至 2016 年的 45 篇,呈现出热度逐渐上升的趋势。2017 年之后,绿色全要素生产率的研究热度进一步攀升,引起了学者的广泛关注,相关研究突飞猛进,研究成果快速增长,2017—2020 年共发表相关论文 636 篇,占全部样本文献的 78.62%。

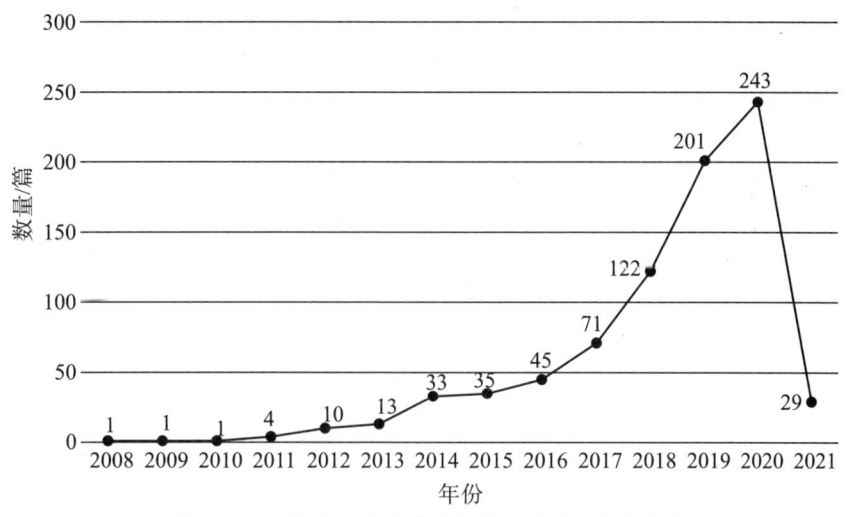

图 2-1 绿色全要素生产率相关研究论文发表数量

---

① 李俊,徐晋涛. 省际绿色全要素生产率增长趋势的分析——一种非参数方法的应用 [J]. 北京林业大学学报(社会科学版),2009,8 (4):139-146.

② 陈诗一. 中国的绿色工业革命:基于环境全要素生产率视角的解释(1980—2008)[J]. 经济研究,2010,45 (11):21-34,58.

(二) 共引作者分析

对绿色全要素生产率相关文献的作者进行统计分析，可以了解该领域有影响力的核心作者。809 篇样本文献共涉及第一作者 677 位，仅发表 1 篇文章的作者占总数的 72.06%，说明有众多学者曾涉足绿色全要素生产率研究；以第一作者发文 2 篇及以上的共 94 位，涉及 226 篇文献，即占作者总数 13.89% 的学者发表了 27.94% 的文章，说明已经形成一定规模的核心作者群。总发文量为 3 篇及以上的作者共有 34 位（表 2-1），这些作者就是研究绿色全要素生产率的中坚力量。这些学者的研究时间跨度基本都在 2 年以上，从多种研究视角，采用多种分析方法研究同一对象，探索不同研究区域、不同时间段出现区域差异的原因。发文量较多的作者基本采取与他人合作的方式，其中，葛鹏飞以第一作者发文 4 篇，与他人合作发文 4 篇；石风光以第一作者发文 4 篇，与他人合作发文 2 篇；李卫兵以第一作者发文 3 篇，与他人合作发文 2 篇。

表 2-1 发文 3 篇及以上的作者统计

作者	发文量/篇	作者	发文量/篇
葛鹏飞	8	韩晶	4
石风光	6	杨万平	4
黄秀路	5	籍艳丽	4
李卫兵	5	陈阳	3
王兵	5	高艺	3
徐璋勇	5	郭海红	3
韩先锋	5	王伟	3
周五七	4	郑强	3
李玲	4	贾箫扬	3
陈超凡	4	纪玉俊	3
程中华	4	李斌	3
丁黎黎	4	李文华	3

• 第二章 绿色发展相关理论梳理及研究综述 •

续表2-1

作者	发文量/篇	作者	发文量/篇
任阳军	4	汪克亮	3
吴传清	4	杨文举	3
汪传旭	4	袁宝龙	3
刘华军	4	王恕立	3
李超	4	黄庆华	3

共引作者合作网络图谱（图2-2）中显示了发文量为2篇及以上的作者。字体大小表示发文数量，作者之间的连线代表合作关系。可以看出，虽然绿色全要素生产率相关研究的总发文量较小，但大部分核心作者都有较为固定的研究团队，彼此之间具有较为紧密的合作关系。其中，葛鹏飞、韩先锋、黄秀路、徐璋勇等人形成的合作网络最大且合作关系最为稳定。但大多数作者之间往往是以一个作者为核心单线联系，或者作者独立发文，网络结构依然不成规模。

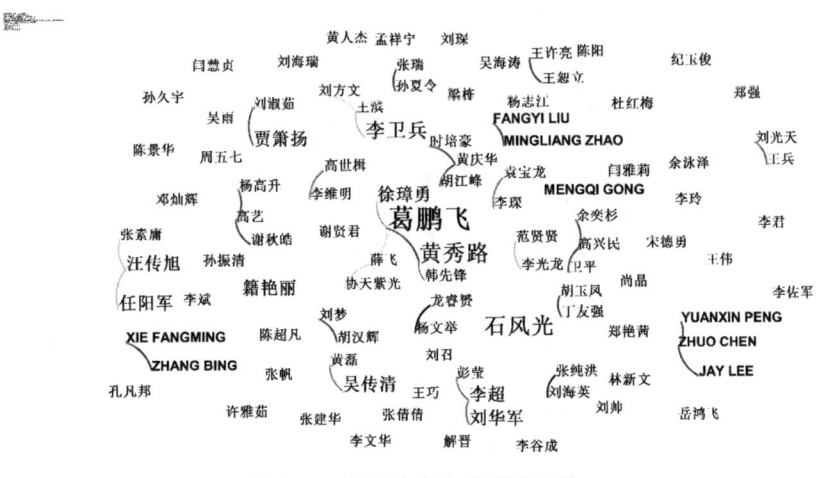

图2-2 共引作者合作网络图谱

（三）研究机构分析

在绿色全要素生产率的高产研究机构中，发文数量为2篇及以上的机构共有89家，发文总量为337篇，占样本文献总数的41.66%；发文量为10篇及以上的机构仅有5个，华中科技大学经济学院和东南大学经济管理学院分别以19篇和17篇的论文数量遥遥领先，机构间的发文量差距较大（表2-2）。其中，有16个机构的发文量为5篇及以上，共发表142篇论文，这些机构共同构成绿色全要素生产率研究领域的主要力量。

表2-2 发文量为5篇及以上的研究机构

研究机构	发文数量/篇	研究机构	发文数量/篇
华中科技大学经济学院	19	河海大学商学院	7
东南大学经济管理学院	17	中国海洋大学经济学院	6
西北大学经济管理学院	13	北京师范大学经济与资源管理研究院	6
西安交通大学经济与金融学院	12	安徽大学经济学院	6
武汉大学经济与管理学院	10	石河子大学经济与管理学院	6
山东财经大学经济学院	9	西南大学经济管理学院	6
暨南大学经济学院	8	西安交通大学金禾经济研究中心	5
重庆工商大学长江上游经济研究中心	7	安阳师范学院经济学院	5

研究机构合作网络图谱（图2-3）显示了机构间的合作关系。从中可以看出，一小部分研究机构之间形成的合作网络规模较大，且近年来合作频繁，但大部分研究机构合作网络只包含2~3个机构，相互之间合作关系较少。此外，国内合作机构还表现出较为明显的空间集聚特征，有合作关系的机构大多处于同一地区，跨地区合作较少出现。还有相当数量的机构表现为独立研究状态，如发文量最多的华中科技大学经济学院，以及山东财经大学经济学院、暨南大学经济学院、河海大学商学院等。从地域分布来看，这些研究机构广泛分布于中国各地及海外，没有明显的地域分布特征，表现出绿色全要素生产率研究具有普遍性。总体而言，绿色全要素生产率的研究机构分布广泛，机构间的合作受地域影响较大，缺乏足够的合作，一定程度上制约了绿色全要素生产率研究的发展。

图 2−3　研究机构合作网络图谱

（四）关键词共现及聚类分析

关键词是对整篇文章中心内容的高度概括，一般包括全文的研究主题、研究内容以及研究方法等。通过计算关键词之间的共现关系及共现强度形成关键词知识图谱，可以直观反映研究的发展趋势，是分析相关研究前沿热点的重要依据。对 2008—2021 年绿色全要素生产率相关文献进行关键词共现分析，整理出中心性排名前 20 的关键词及其相关信息（表 2−3），从中可以看出绿色全要素生产率研究的发展历程及重点。

表 2−3　研究成果主要关键词和中心性统计

序号（年份）	关键词	频数（中心性）	序号（年份）	关键词	频数（中心性）
1（2016）	绿色发展	31（0.30）	6（2018）	GTFP	43（0.24）
2（2008）	绿色全要素生产率	565（0.29）	7（2017）	长江经济带	25（0.19）
3（2012）	环境规制	106（0.28）	8（2018）	SBM 模型	12（0.19）
4（2017）	DEA	6（0.27）	9（2008）	全要素生产率	66（0.18）
5（2013）	数据包络分析	16（0.26）	10（2017）	门槛效应	21（0.18）
11（2015）	技术进步	18（0.17）	16（2017）	金融发展	19（0.13）
12（2017）	空间溢出效应	19（0.16）	17（2017）	ML 指数	11（0.13）

续表2-3

序号（年份）	关键词	频数（中心性）	序号（年份）	关键词	频数（中心性）
13（2017）	农业绿色全要素生产率	28（0.14）	18（2019）	Malmquist指数	10（0.13）
14（2019）	收敛性分析	2（0.14）	19（2017）	外商直接投资	22（0.12）
15（2016）	工业绿色全要素生产率	21（0.13）	20（2017）	绿色经济效率	2（0.12）

作为研究主题，"绿色全要素生产率"出现频次最高，与之含义相同的关键词还有"GTFP"。关键词"全要素生产率"作为传统研究主题，已经形成相对完善的研究体系，为本研究提供了丰富的理论和实证研究基础。关键词"农业绿色全要素生产率"和"工业绿色全要素生产率"是细化到具体产业的重点研究主题，作为经济发展结构中重要的两个方面，分别体现了绿色全要素生产率研究的不同目标。农业生产主要在自然环境中进行，投入产出要素与自然资源紧密相关，研究其生产率主要在于提高生产效率，减少资源投入。工业生产则具有规模庞大、容易对生态环境造成严重污染的特点，研究工业绿色全要素生产率旨在减少其对生态环境的破坏，实现经济增长与自然环境协调发展。关键词"绿色发展"的中心性最高，既包括以提升效率、促进人与自然和谐可持续发展为核心的经济增长和社会发展模式，也包括五大发展理念中的绿色发展理念。而关键词"绿色经济效率"的含义与绿色全要素生产率有相似之处，同样是衡量效率的指标，指的是广义的绿色经济投入产出效率，绿色全要素生产率的提升可以直接表现为绿色经济效率的提高。从研究的发展历程可以发现，绿色全要素生产率研究的最终落脚点应该在于促进绿色经济效率提升，实现绿色发展。

研究方法方面，"数据包络分析""DEA""SBM模型""ML指数""Malmquist指数"等关键词代表了相关的主流实证研究模型，也是绿色全要素生产率研究的主要工具；"收敛性分析""门槛效应"和"空间溢出效应"等关键词则代表了绿色全要素生产率研究领域的主要研究角度。关键词"环境规制""技术进步""金融发展""外商直接投资"都是影响经济社会发展的重要因素，其中环境规制是恢复良好生态环境的直接手段，外商直接投资和技术进步都有利于生产技术的进步和经济水平的提高，金融发展与绿色相结合则是进一步推进绿色发展的关键之一，这些关键词呈现出绿色全要素生产率研究的重要内容及研究的长期发展方向。"长江经济带"这一关键词则说明长江经济带是众多学者关注的地区，相关研究文献有25篇。该地区经济发展水平和技术进步水平都比较高，有望成为实现经济高质量发展的先行区域，因此成为研究绿色全要素生产率增长问题的典型区域。

在关键词共现知识图谱的基础上，采用LLR聚类算法进行聚类，得出10组绿色全要素生产率关键词聚类（表2-4），这些聚类频次较高且中心度均在0.9左右，表明相应的关键词节点在整体网络中具有重要的连接作用，能够用来反映绿色全要素生产率的研究热点及相关研究内容。这10个聚类与前文主要关键词重合度较高，可以分为三种类型：一是研究主题聚类，包括工业、农业绿色全要素生产率等；二是研究方法聚类，包括SBM超效率模型、空间计量模型和GML指数；三是产业结构与优化聚类，与之相关的研究内容包括生产性服务业、高新技术产业的协同集聚、空间效应和技术进步等问题。从这些聚类可以看出，绿色全要素生产率研究脱胎于全要素生产率的测算，是以实证研究方法为主，自身缺乏理论内涵，因此在本书的研究中，要格外注意研究内容的理论意义，增强其学术研究价值。

表2-4 主要关键词聚类

序号	聚类名称	平均年份	中心度	主要聚类子簇
1	全要素生产率	2016	0.92	绿色发展，数据包络分析，绿色创新，政府制度，市场制度，两控区，社会网络分析
2	SBM超效率模型	2018	0.85	城市群，经济增长质量，海洋信息化，金融深化，环境污染，门槛效应，门限模型，制造业集聚
3	工业绿色全要素生产率	2017	0.87	环境规制，长江经济带，技术引进，自主创新，互联网，产业集聚，行业异质性，禀赋结构，波特假说，三大区域，非研发创新
4	空间计量模型	2017	0.83	中介效应，物流业绿色全要素生产率，能源消费结构，研发投入，制度质量，影响因素，激励路径，收敛机制
5	产业结构	2018	0.87	生产性服务业，技术创新，多样化集聚，产业协同集聚，财政分权，专业化集聚，外商直接投资，市场化，高新技术产业，低碳城市试点

续表2-4

序号	聚类名称	平均年份	中心度	主要聚类子簇
6	农业绿色全要素生产率	2018	0.92	生态资本,时空分异,绿色农业,绿色发展效率,碳强度,农业投资效率,生态环境,粮食主产区,环境规制
7	空间杜宾模型	2019	0.91	经济高质量发展,科技创新,对外开放,空间溢出,碳源结构,经济增长动力,资源环境约束,区域一体化
8	Green Total Factor Productivity	2018	1	institutional distance, belt and road, sustainable development, manufacturing, FDI, air pollution regulation, technological investment, green transformation upgrade, environmental regulation
9	产业结构优化	2017	0.88	空间效应,可持续发展,技术进步,二氧化碳排放,能源消耗财政信息,信息透明,多重中介模型,排污权交易
10	GML指数	2017	0.82	方向性距离函数,偏向型技术进步,老龄化,绿色生产率,溢出效应,方向距离函数,粮食绿色生产

(五)关键词时序知识图谱分析

通过绘制关键词时序知识图谱,进一步在时间序列上呈现绿色全要素生产率研究热点的演进过程(图2-4)。图中的关键词按时间顺序排列,通过调整阈值突出研究重点,综合呈现绿色全要素生产率研究领域的重要关键词。节点大小代表关键词的重要程度,节点周围不同颜色的圆环数表示关键词出现的不同年份,说明该关键词相关研究的存续时间。

绿色全要素生产率研究以"全要素生产率"的研究为基础,在研究经济活动的投入产出效率时引入环境因素,最开始主要使用数据包络分析方法,采用方向性距离函数、ML指数来测度绿色全要素生产率,并以保护环境为目的,探究有形或无形的规章制度及技术创新等非投入要素对绿色全要素生产率的影响。随着研究热度的提升和更多研究方法的引入,2016年以后,重点关键词猛增,研究领域更加深入,研究方法也更加多样。研究领域细分为装备制造业、生产性服务业、物流业等绿色发展和专业性集聚问题,且格外注重外商直接投资对本国绿色全要素生产率的影响。在空间上,长江经济带的绿色经济发展得到众多关注。此外，学者更为关注区域发展差异问题，研究不同地区绿色全要素生产率受地区异质性的影响的文章大量出现。2019年，随着城镇化的发展，绿色全要素生产率研究与新型城镇化历程和城市群的发展等相结合。在这一阶段，研究方法得到较大创新和拓展，相关论文注重使用多种研究方法，将绿色全要素生产效率研究与空间计量分析、随机前沿分析、收敛性分析、门槛效应分析、中介效应分析等相结合。

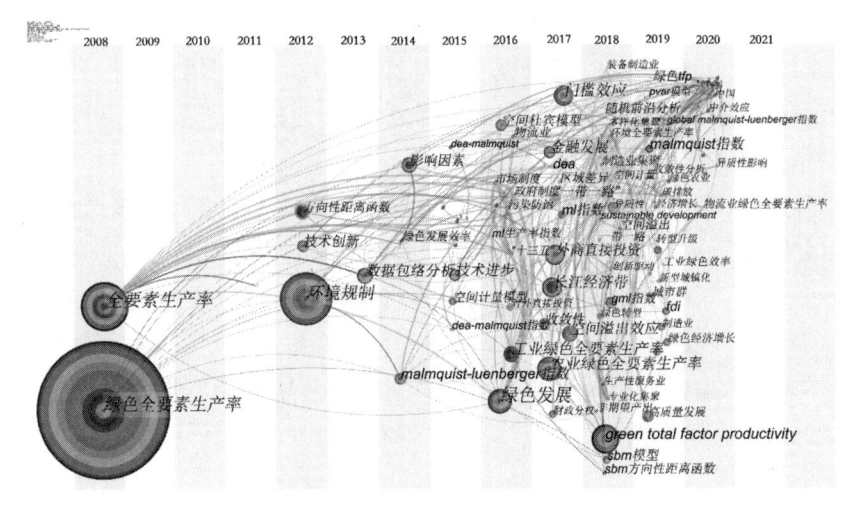

图 2-4 关键词时序知识图谱

二、绿色全要素生产率测算方法

2009 年，李俊、徐晋涛首次明确提出"绿色全要素生产率"的概念，在全要素生产率计算中加入反映环境变化的变量，这标志着我国绿色全要素生产率研究的开始。[1] 国内学者关于绿色全要素生产率的研究成果中，绿色全要素生产率的测算方法主要有三种，即随机前沿分析法（SFA）、索洛残差法和非参数的数据包络分析法（DEA）。数据包络分析法不需要考察要素价格信息，不用给定具体的生产函数形式，还能够处理多投入和多产出问

---

[1] 李俊，徐晋涛. 省际绿色全要素生产率增长趋势的分析——一种非参数方法的应用 [J]. 北京林业大学学报（社会科学版），2009，8（4）：139-146.

题，因此是目前测算绿色全要素生产率最主流的方法。根据研究目的和研究对象的不同，学者们也有选择采用不同限制条件的模型开展绿色全要素生产率相关研究的，如 DEA－BBC 模型、DEA－SBM 模型、DEA－Malmquist 指数模型、ML 生产率指数模型等。

将环境条件约束引入绿色全要素生产率测算框架的方法主要有四种：

(1) 将环境因素作为投入变量。作为投入变量的环境因素主要有两种类型，一是土地、供水量、用电量、供气量和液化石油气供应量等环境资源要素（李赫然，2019）[1]，二是依据"外部性"理论，将环境污染作为生产过程中的环境投入，如工业三废、CO_2 排放量等（王晓云等，2016[2]；钱龙，2018[3]；焦琳琳等，2018[4]）。

(2) 将环境因素作为产出变量。该方法一般适用于多投入多产出模型，将地区生产总值作为期望产出，将生产活动造成的环境污染作为非期望产出（Barro et al.，2003[5]；赵昕等，2016[6]；林晓等，2017[7]）。

(3) 将环境因素同时作为投入变量和产出变量。该方法一般将能源消耗总量作为投入指标，如煤炭和电力消费量等，环境污染则作为非期望产出（游士兵等，2019[8]；任阳军等，2017[9]；朱金鹤等，2019[10]）。其中，朱金鹤

---

[1] 李赫然. 基于非估计参数的资源型城市绿色经济效率分析研究 [J]. 工业技术经济，2019，38 (2)：52－58.

[2] 王晓云，魏琦，胡贤辉. 我国城市绿色经济效率综合测度及时空分异——基于 DEA－BCC 和 Malmquist 模型 [J]. 生态经济，2016，32 (3)：40－45.

[3] 钱龙. 中国城市绿色经济效率测度及影响因素的空间计量研究 [J]. 经济问题探索，2018 (8)：160－170.

[4] 焦琳琳，郭玲玲，武春友. 中国沿海城市绿色增长效率测度研究 [J]. 科技管理研究，2018，38 (9)：241－246.

[5] BARRO R J，SALA－I－MARTIN X. Economic Growth [M]. 2nd ed. Cambridge，Massachusetts：The MIT Press，2003.

[6] 赵昕，彭勇，丁黎黎. 中国海洋绿色经济效率的时空演变及影响因素 [J]. 湖南农业大学学报（社会科学版），2016，17 (5)：81－89.

[7] 林晓，徐伟，杨凡，等. 东北老工业基地绿色经济效率的时空演变及影响机制——以辽宁省为例 [J]. 经济地理，2017，37 (5)：125－132.

[8] 游士兵，杨芳. 金融服务实体经济的效率测度及影响因素——基于绿色发展视角 [J]. 金融论坛，2019，24 (4)：29－44.

[9] 任阳军，汪传旭. 中国城镇化对区域绿色经济效率影响的实证研究 [J]. 技术经济，2017，36 (12)：72－78，98.

[10] 朱金鹤，王雅莉. 中国省域绿色全要素生产率的测算及影响因素分析——基于动态 GMM 方法的实证检验 [J]. 新疆大学学报（哲学·人文社会科学版），2019，47 (2)：1－15.

等分别以 CO_2、SO_2、COD（化学需氧量）和综合污染指标为非期望产出，测算四种情况下的绿色全要素生产率并进行比较分析，对后续相关研究具有较大的借鉴价值。

（4）构建体现环境污染的产出指标。该方法一般通过将环境污染指标拟合为地区环境综合指数对地区生产总值进行加权处理，形成地区单位污染产出，以此作为绿色经济的产出指标（王军等，2014[1]；胡宗义等，2017[2]）。其中，胡宗义等在构建环境综合指数时考虑了环境污染治理，引入废水排放达标率、污染治理投资率等指标。

三、绿色全要素生产率影响因素

随着我国经济由高速增长阶段逐渐转向高质量发展阶段，学者们开始研究绿色全要素生产率增长的影响因素，以及不同经济体或地区之间绿色全要素生产率产生巨大差异的原因。在分析我国绿色全要素生产率的影响因素的相关研究中，大部分学者较为认可的影响因素主要包括经济发展水平、产业结构、城镇化水平、环境规制、创新研发水平、经济开放度、人力资本和基础设施等。对于不同的研究对象，同样的因素产生的作用效果也有所不同。

国外方面，埃尔萨迪格·穆萨·艾哈迈德（Elsadig Musa Ahmed，2020）设计了3种不同的框架和计量模型，分别衡量绿色全要素生产率、绿色劳动生产率和绿色资本生产率对绿色生产率和可持续发展的贡献，并提出从劳动力素质、需求强度、经济结构调整、资本结构、技术进步和环境标准等方面提升绿色生产率。[3]

国内研究中，绿色全要素生产率的主要影响因素及其作用效果可以大致归纳如下：一是区域经济发展水平。一般认为绿色全要素生产率与经济发展水平之间存在强关联，由于选取指标、研究地区工业化发展阶段和区域资源

---

[1] 王军，耿建. 中国绿色经济效率的测算及实证分析 [J]. 经济问题，2014（4）：52—55.

[2] 胡宗义，李毅，刘亦文. 中国绿色技术效率改善的地区差异及收敛研究 [J]. 软科学，2017，31（8）：1—4.

[3] AHMED E M. Modelling green productivity spillover effects on sustainability [J]. World Journal of Science，Technology and Sustainable Development，2020，17（3）：257—267.

禀赋不同，二者呈倒 U 形关系（钱争鸣等，2014[①]；宋德勇等，2017[②]）或 U 形关系（聂玉立等，2015[③]）。二是区域产业结构。产业结构的优化升级可以提高劳动生产率，促进区域经济发展，但只有绿色产业的发展才对绿色全要素生产率水平有显著改善作用，而产业的简单转移对绿色全要素生产率发展有抑制作用（徐晓红等，2016[④]；叶仁道等，2017[⑤]）。三是科技创新能力。科技创新是绿色发展的重要驱动力，高技术水平对绿色全要素生产率有显著正向影响，可以通过提高资源利用效率、能源结构效率、投入产出效率和知识溢出效应促进绿色全要素生产率的提升（赵昕等，2016[⑥]；侯纯光等，2018[⑦]）。四是政府环境规制。政府环境规制直接影响地区污染排放和能源投入水平，在实施效果上具有不确定性和时滞性，环境规制工具众多也导致作用效果不明确。同时，不同的环境规制政策对绿色全要素生产率增长的作用效果不同，赵立祥等（2020）发现环保资金投入有促进作用，而排污费等环境规制政策对其影响则不显著[⑧]。部分学者设置环境规制强度系数，根据其大小和方向判断污染治理投资增加等措施是否有助于提高绿色全要素生产率，结果发现该系数值也有明显的地区差异（陈玉龙等，2017[⑨]；周凤秀等，2019[⑩]）。

[①] 钱争鸣，刘晓晨. 我国绿色经济效率的区域差异及收敛性研究 [J]. 厦门大学学报（哲学社会科学版），2014（1）：110-118.

[②] 宋德勇，邓捷，弓媛媛. 我国环境规制对绿色经济效率的影响分析 [J]. 学习与实践，2017（3）：23-33.

[③] 聂玉立，温湖炜. 中国地级以上城市绿色经济效率实证研究 [J]. 中国人口·资源与环境，2015，25（S1）：409-413.

[④] 徐晓红，汪侠. 中国绿色全要素生产率及其区域差异——基于30个省面板数据的实证分析 [J]. 贵州财经大学学报，2016（6）：91-98.

[⑤] 叶仁道，张勇，罗堃. 中国绿色经济效率的测算及影响因素——基于偏正态面板数据模型 [J]. 技术经济，2017，36（11）：79-85.

[⑥] 赵昕，彭勇，丁黎黎. 中国海洋绿色经济效率的时空演变及影响因素 [J]. 湖南农业大学学报（社会科学版），2016，17（5）：81-89.

[⑦] 侯纯光，任建兰，程钰，等. 中国绿色化进程空间格局动态演变及其驱动机制 [J]. 地理科学，2018，38（10）：1589-1596.

[⑧] 赵立祥，冯凯丽，赵蓉. 异质性环境规制、制度质量与绿色全要素生产率的关系 [J]. 科技管理研究，2020，40（22）：214-222.

[⑨] 陈玉龙，石慧. 环境规制如何影响工业经济发展质量？——基于中国2004—2013年省际面板数据的强波特假说检验 [J]. 公共行政评论，2017，10（5）：4-25，215.

[⑩] 周凤秀，温湖炜. 绿色产业集聚与城市工业部门高质量发展——来自国家生态工业示范园政策的准自然实验 [J]. 产经评论，2019，10（1）：5-19.

从已有相关文献来看，区域绿色全要素生产率研究已形成较为完整的体系，为本书研究我国西部地区绿色发展的重要影响因素，以及西部地区绿色全要素生产率的时空特征等提供了有益的借鉴。但是，由于研究角度、研究方法和研究区域等的不同，研究结论还存在较大差异。在研究方法上，采用不同的研究模型可能会导致测算结果差异较大。在指标选择方面，应否纳入绿色全要素生产率投入产出的变量选择也还存在争议，若将环境污染变量作为投入变量，与资本、劳动力及能源消费等并列，构建绿色经济增长核算方程，则与实际生产过程不符；若将环境污染变量作为非期望产出，虽与实际生产过程和理论逻辑较为一致，但可能出现不可行解问题，并且两种做法都没有将生产过程中产生的随机误差包括进去。此外，绿色全要素生产率影响因素的研究大多限于一种或多种变量对绿色全要素生产率的直接影响，未考虑到对绿色全要素生产率构成要素的影响，也鲜有文献结合绿色全要素生产率的空间聚类特征分析影响因素的作用效果。同时，大部分相关研究侧重于全国、单个省域等层面，近年来长江经济带有了一定热度，研究西部地区的绿色全要素生产率的成果还比较少，且大都由于数据原因省略了对西藏自治区绿色全要素生产率的研究。

本书关于西部地区绿色全要素生产率时空分异特征的研究，将在综合已有研究的基础上分析西部地区绿色全要素生产率的重要影响因素，将西藏自治区也纳入研究范围，并进一步拓展绿色全要素生产率的影响因素分析框架，在此基础上重点提出西部地区绿色全要素生产率的提升路径建议。同时，在对西部地区绿色全要素生产率的影响因素进行理论和实证研究的基础上，进一步探索绿色全要素生产率增长的时间序列特征和空间聚类特征，努力实现多学科方法融合创新。

四、绿色金融发展水平测度及影响因素

对于绿色金融的研究，国外学者倾向于以绿色金融共识性原则为依据，从金融机构主体视角选择指标测度绿色金融发展水平。例如，斯特里特和莫纳汉（Street&Monaghan，2001）构建指标体系，评价了银行为节能减排、

保护环境提供的金融服务绩效。[①] 约伊肯（Jeucken，2013）根据"赤道原则"，选择机构数量、绿色贷款规模，评价了绿色金融发展水平。[②] 国内学者对绿色金融发展水平的测度多包含在绿色金融对其他系统的影响的研究中。关于绿色金融发展对区域经济的影响的研究成果发现：绿色金融能够促进区域经济高质量发展以及区域经济生态化发展。[③④] 关于绿色金融发展对节能减排的影响的研究成果发现：绿色金融通过促进产业结构升级，具有对工业污染先促进后抑制的单门槛效应。[⑤] 关于绿色金融发展对金融机构的影响的研究成果发现：绿色信贷业务的开展有助于提升银行资产收益率及净利息收入。[⑥] 关于绿色金融发展对环境的影响的研究成果发现：绿色金融能够与环境规制协同互补，以优化产业结构、提升技术水平的方式促成雾霾治理[⑦]；绿色金融发展试点有效降低了单位 GDP 的能源消耗[⑧]。关于绿色金融发展对地区产业发展的影响的研究成果发现：绿色金融依靠其融资结构优化效应可以促进地区产业结构升级[⑨]；绿色金融通过提供便捷高效的融资渠道可以支持新能源产业的发展[⑩]；绿色金融对企业 TFP 存在明显促进效应和

[①] STREET P, MONAGHAN P E. Assessing the sustainability of bank service channels: the case of the cooperative bank [J]. Sustainable Banking: The Greening of Finance, 2001 (16): 72-87.

[②] JEUCKEN, MARCEL H A. The changing environment of banks [J]. Greener Management International, 1999 (27): 21.

[③] 刘莉,李海月. 绿色金融对区域经济高质量发展的影响及路径研究——以河北省为例 [J]. 湖北开放职业学院学报, 2018, 31 (23): 95-96.

[④] 魏青琳. 绿色金融对区域经济生态化发展的影响研究 [J]. 纳税, 2019, 13 (1): 214, 216.

[⑤] 冯兰刚,阳文丽,赵庆,等. 绿色金融对工业污染影响效应的统计检验 [J]. 统计与决策, 2022, 38 (6): 144-149.

[⑥] 张琳,廉永辉. 绿色信贷如何影响商业银行财务绩效？——基于银行收入结构分解的视角 [J]. 南方金融, 2020 (2): 45-56.

[⑦] 朱向东,朱晟君,黄永源,等. 绿色金融如何影响中国城市环境污染？——以雾霾污染为例 [J]. 热带地理, 2021, 41 (1): 55-66.

[⑧] 申韬,曹梦真. 绿色金融试点降低了能源消耗强度吗？ [J]. 金融发展研究, 2020 (2): 3-10.

[⑨] 徐良志,张三宝,李停,等. 中部区域绿色金融与产业结构关系 [J]. 皖西学院学报, 2020, 36 (3): 72-78.

[⑩] 高晓燕,王治国. 绿色金融与新能源产业的耦合机制分析 [J]. 江汉论坛, 2017 (11): 42-47.

空间溢出效应[1]。关于绿色金融发展对科技创新的影响的研究成果发现：绿色金融通过横向参与和协同机制、纵向融合和提升机制驱动绿色技术创新。[2] 关于绿色金融发展对乡村振兴的影响的研究成果发现：绿色金融通过降低交易费用服务乡村振兴。[3] 在这些研究中，学者多从金融机构视角选择评价指标，对绿色金融发展水平进行测度，特别是选择绿色金融产品中占比最高的绿色信贷规模代表绿色金融发展水平。[4] 究其原因主要在于，我国绿色金融直接数据，如绿色信贷余额，多以银行为主体进行披露，学者可较为便利地获取准确数据。例如，宁伟等（2014）在研究绿色金融与宏观经济增长的动态关系时，采用绿色信贷余额与绿色存款余额的比值表示绿色金融发展水平[5]；李虹等（2019）从四大国有银行、兴业银行、浦发银行社会责任报告获取绿色信贷余额数据，对绿色金融与生态环境耦合协调发展进行评价[6]。随着绿色金融相关研究的深化，一些学者进一步丰富了绿色金融发展水平的评价指标体系，从绿色信贷、绿色投资、绿色证券、碳金融等多个维度定量评价绿色金融发展水平。[7][8][9]

但是，在研究区域绿色金融发展时，学者较难获取省域、县域等层面的绿色金融直接指标数据，因此多从以下两个角度选择指标：

一是选择替代指标。例如在区域绿色信贷余额的替代指标选择中，喻平等（2021）以区域银行业机构数与全国银行业机构数的比值代表该区域绿色

---

[1] 张木林, 赵魁. 基于空间溢出效应的绿色金融与企业全要素生产率关系研究 [J]. 技术经济, 2021, 40 (5): 64—72.

[2] 陶然. 绿色金融驱动绿色技术创新的机理、实践与优化研究——基于"政、企、学、金"协同发展视角 [J]. 金融理论与实践, 2021 (12): 62—72.

[3] 左正龙. 新制度经济学下的绿色金融服务乡村振兴 [J]. 财会月刊, 2021 (13): 126—132.

[4] 董晓红, 富勇. 绿色金融发展及影响因素时空维度分析 [J]. 统计与决策, 2018, 34 (20): 94—98.

[5] 宁伟, 佘金花. 绿色金融与宏观经济增长动态关系实证研究 [J]. 求索, 2014 (8): 62—66.

[6] 李虹, 袁颖超, 王娜. 区域绿色金融与生态环境耦合协调发展评价 [J]. 统计与决策, 2019, 35 (8): 161—164.

[7] 史代敏, 施晓燕. 绿色金融与经济高质量发展：机理、特征与实证研究 [J]. 统计研究, 2022, 39 (1): 31—48.

[8] 方建国, 林凡力. 我国绿色金融发展的区域差异及其影响因素研究 [J]. 武汉金融, 2019 (7): 69—74.

[9] 董晓红, 富勇. 绿色金融和绿色经济耦合发展空间动态演变分析 [J]. 工业技术经济, 2018, 37 (12): 94—101.

信贷余额在全国的占比[1];李健等(2015)以区域金融机构贷款数量与全国金融机构贷款总量的比值代表区域绿色信贷在全国的占比[2];郭希宇(2022)以六大高耗能工业产业利息支出与工业利息总支出之比作为反向指标[3];刘莎等(2020)选择 A 股上市公司中属于绿色行业或进行绿色投资的上市公司的投融资数据进行替代[4]。学者们选择多样,没有统一标准。

二是另辟角度。学者们从绿色金融机理、绿色金融需求端等角度选择指标,对绿色金融发展水平进行测度。例如,根据系统论从资本支持、资本配置、企业监督和金融责任四个维度构建指标体系,评价绿色金融创新试验区绿色金融发展水平[5];从企业角度采用污染排放量作为绿色声誉的反向度量指标,测度各省(自治区、直辖市)绿色金融发展水平[6];或通过相关绿色上市公司的绿色金融投入汇总来表示全国 31 个省(自治区、直辖市)的绿色金融发展水平[7]。

少数文献对绿色金融发展的影响因素进行了研究,主要包括以下几个视角。从绿色金融主体视角来看,受限于绿色金融较低的效用,金融机构在对企业提供绿色金融服务时,考虑的首要因素是还款能力[8];内生动力不足是绿色信贷发展的最主要阻碍因素,企业对环保信息披露不到位是重要的阻碍因素[9];政策措施与金融基础的协同则能有效促进绿色信贷的发展[10],群众对政府的呼声、碳审计的披露程度、本国金融机构竞争环境的激烈程度显著

---

[1] 喻平,张敬佩. 区域绿色金融与高质量发展的耦合协调评价 [J]. 统计与决策,2021,37(24):142—146.

[2] 李健,卫平. 民间金融和全要素生产率增长 [J]. 南开经济研究,2015 (5):74—91.

[3] 郭希宇. 绿色金融助推低碳经济转型的影响机制与实证检验 [J]. 南方金融,2022 (1):52—67.

[4] 刘莎,刘明. 绿色金融、经济增长与环境变化——西北地区环境指数实现"巴黎承诺"有无可能? [J]. 当代经济科学,2020,42 (1):71—84.

[5] 夏春雷. 绿色金融发展评价与统计监督管理研究 [J]. 金融与经济,2018 (11):29—35.

[6] 王康仕,孙旭然,王凤荣. 绿色金融发展、债务期限结构与绿色企业投资 [J]. 金融论坛,2019,24 (7):9—19.

[7] 孙焱林,陈青青. 绿色金融发展对技术进步、经济增长的影响——基于 PVAR 模型的实证研究 [J]. 金融与经济,2019 (5):28—33.

[8] 麦均洪,徐枫. 基于联合分析的我国绿色金融影响因素研究 [J]. 宏观经济研究,2015 (5):23—37.

[9] 马勇,曾兰兰. 江西省绿色信贷发展的影响因素研究——基于 SEM 模型 [J]. 金融与经济,2017 (6):35—40.

[10] 朱向东,周心怡,朱晟君,等. 中国城市绿色金融及其影响因素——以绿色债券为例 [J]. 自然资源学报,2021,36 (12):3247—3260.

影响绿色金融发展[1]。从碳金融发展视角来看，CDM项目数、新能源公交车运营数、工业污染治理完成投资、城市造林覆盖率等因素，均对绿色金融发展起促进作用，而城镇登记失业率和工业增加值起抑制作用。[2] 从区域绿色金融发展视角来看，由于经济发展观念及增长方式、国家政策扶持等固有因素的差异，我国经济发达地区的绿色金融发展水平低于经济欠发达地区，而产业结构升级、能源结构优化等因素，能有效缩小区域间绿色金融发展的差距。[3] 东西部绿色金融发展受同一要素的影响程度存在差异：良好的金融业发展基础显著促进了东部地区绿色金融发展，而西部地区更依赖于政策支持。[4] 从特定省（自治区、直辖市）看，广东省作为国内发达的东部区域，其绿色金融发展水平的空间格局演变主要受地区生产总值、金融发展程度、空气质量和受教育程度的影响[5]；黑龙江省的绿色金融发展水平则与碳排放量密切相关[6]。

通过梳理绿色金融前期相关研究文献可以发现，国内外学者基于各自的学术视角对绿色金融展开了较为全面深入的探讨，但还存在值得更深入研究的地方。既有研究成果对我国区域绿色金融发展水平的差异性及其成因的关注度略显不足。我国区域绿色经济发展水平的现实差异，对我国实现生产生活全面绿色转型，建设环境友好型、资源节约型社会，走人与自然和谐共生的中国式现代化道路形成一定阻碍。在此背景下，对我国东、中、西部和东北地区绿色金融实践成效的差异及其成因的探究显得愈发重要。有必要在前期关于各类市场主体绿色金融发展水平测度及比较研究的基础上，进一步采用探索性空间数据分析方法，探究我国东、中、西部和东北地区绿色金融发展水平的空间特征，分析重要影响因素的空间分异性，找出影响我国绿色金

---

[1] 于冬菊. 金融机构发展绿色金融的影响因素研究——基于先行国家的实证检验[J]. 财经问题研究, 2017 (12): 53-60.

[2] 郑群哲. 中国碳金融发展水平测度及影响因素分析[J]. 技术经济与管理研究, 2022 (2): 75-79.

[3] 方建国, 林凡力. 我国绿色金融发展的区域差异及其影响因素研究[J]. 武汉金融, 2019 (7): 69-74.

[4] 任丹妮. 政策推动还是市场驱动？——基于文本挖掘技术的绿色金融发展指数计算及影响因素分析[J]. 西南金融, 2020 (4): 78-89.

[5] 余冯坚, 徐枫. 空间视角下广东省绿色金融发展及其影响因素——基于固定效应空间杜宾模型的实证研究[J]. 科技管理研究, 2019, 39 (15): 63-70.

[6] 董晓红, 富勇. 绿色金融发展及影响因素时空维度分析[J]. 统计与决策, 2018, 34 (20): 94-98.

融整体发展水平提升的区域短板和现实问题。还有必要在前人对区域科研创新水平、经济社会发展水平等绿色金融发展的影响因素的研究成果的基础上，进一步分析绿色金融激励政策、市场设施建设等重要因素的作用，以便找到更多的促进区域绿色金融协调发展的优化路径。

第三章

西部地区绿色全要素生产率测度及影响因素分析

第一节 绿色全要素生产率影响因素的作用机理

一、影响因素筛选

影响绿色全要素生产率的因素涉及经济－资源－环境复合系统的各个方面,凡是会对资源利用效率、生产力发展水平、产出效率以及生态环境状况产生作用的因素,都可以纳入研究范围。但是由于现有实证研究模型对指标数量的限制,不可能对所有因素都进行分析。因此,本书在查阅、总结前人对区域绿色全要素生产率影响因素的研究成果的基础上,先分析、汇总影响因素高频指标,筛选出具有研究普遍性的影响因素(表3－1)。然后,结合前文绿色全要素生产率内涵、可持续发展理论、绿色增长理论和"两山"理论等,提炼出限制能源无限消耗、改善环境质量、体现生产可持续和环境可持续特征的影响因素。最后,根据西部地区经济发展特征,选择具有地区适配性的影响因子。

表3－1 影响因素筛选文献梳理

作者(发表年份)	研究对象	影响因素选取
钱龙(2018)	2004—2015年中国285个地级市	经济发展水平、资本深化、外商直接投资、人力资本、产业结构、政府干预、信息基础设施、经济集聚、科技进步
朱金鹤(2019)	2000—2015年中国30个省(自治区、直辖市)	开放性因素、财政因素、技术因素、经济因素、金融因素、环境规制
陈超凡(2016)	2004—2013年中国工业26个行业	规模结构、禀赋结构、产权结构、环境规制、能源结构、技术水平、外商投资

续表3-1

作者（发表年份）	研究对象	影响因素选取
王凯风（2017）	2003—2013年中国285个主要城市	经济增长水平、产业结构、就业结构、收入差距、市场化水平、政府干预度、R&D人力资源
赵小雨（2018）	2004—2014年中国30个省（自治区、直辖市）	区域创新能力、外商直接投资、城市化水平、财政分权度、政府规制水平、环境规制水平
李华旭（2017）	2010—2014年长江经济带11个省（自治区、直辖市）	经济发展水平、产业结构、技术因素、城市规模、环境规制
张文博（2017）	2005—2015年"一带一路"38个主要节点城市	城市规模、经济发展水平、产业结构、科教投入、对外开放水平
吴传清（2020）	2005—2017年长江经济带11个省（自治区、直辖市）	经济发展、产业结构、对外开放度、教育、科学技术投入、环境污染治理
易杏花（2020）	2011—2016年西部11个省（自治区、直辖市）	经济发展水平、产业结构、开放水平、环境规制、环境治理、科技水平、城镇化率、能耗水平、人口密度

资料来源：中国知网。

总结被大量引用的代表性文献可知，受到广泛研究的区域绿色全要素生产率影响因素主要包括以下几大类：①经济发展水平因素，包括人均GDP、城市化率等；②经济结构因素，包括工业占比、三产与二产产值之比、高科技企业占比、城乡收入差距等；③环境规制因素，包括排污费总额、工业固体废物综合利用率、环境污染投资总额占GDP比重等；④对外开放因素，包括进出口贸易额占GDP比重、外商直接投资等；⑤科技水平因素，包括R&D经费支出占GDP比重、技术市场成交额、国内专利申请授权数、R&D人员占比等；⑥资本深化因素，包括资本劳动比、人均资本存量等；⑦人力资本因素，包括人均受教育年限、大专以上学历人数占比等；⑧人口密度，包括市辖区人口密度、人均土地面积等；⑨政府干预，包括科教医疗卫生支出占财政支出比重、财政支出占GDP比重等。

我国西部地区近年来经济水平快速提升，产业结构发生巨变，区域发展差异扩大，不同省（自治区、直辖市）之间资源禀赋差异明显且开发利用程度不一。相较于东部沿海地区，西部地区的高新技术产业发展相对落后，高技术人才较为缺乏，市场经济运行受到政策调控较多，大部分地区的社会福利主要由政府提供，民生发展主要由政府托底。因此，影响因素的选取要体现较长时期内西部地区的发展特征，还要能够体现各省（自治区、直辖市）的共有特征和差异化特征。除此之外，更要考虑西部地区亟须保护好生态环境安全的发展要求。综合考虑以上内容，本书尝试从经济发展、产业结构、人力资本、资本深化、环境规制、政府规制、技术创新和外资利用等犹有争议且经常探讨的八个方面，进行绿色全要素生产率影响因素的研究。

二、影响因素作用机理分析

绿色全要素生产率衡量的是在加入环境约束的投入要素水平不变时，决策单元总产出与生产前沿面之间的距离，距离近则效率高，反之则说明效率低。根据罗伯特·默顿·索洛（Robert Merton Solow，1956）的分析框架，绿色全要素生产率可以分解为绿色效率改善和绿色技术进步两个部分，绿色效率改善指的是决策单元在生产边界线上移动的过程，衡量资源配置水平和生产管理效率；绿色技术进步是生产前沿面移动的过程，指的是改善资源浪费和环境污染问题的技术水平提高程度。在生产实践中，推动绿色全要素生产率提升的实现机制可以最终归结为技术效率的提高和技术进步两个方面。效率低的地区可以通过改进生产技术、引进专业技术人才等措施提高生产率，通过调整产业结构、减少能源消耗、降低污染排放总量等方式改善生态环境，通过实施更为合理有效的产业政策优化资源配置、提高资源利用效率，最终实现对生产前沿的追赶。[1] 绿色全要素生产率高的地区本来就处于生产前沿面上，可以通过加大对创新的资金投入，不断研发新技术，在同样投入水平下实现产出的提高、污染的减少和能耗的下降，进而推动生产前沿外移。[2] 下面具体分析本书选取的经济发展、产业结构、人力资本、资本深化、环境规制、政府规制、技术创新和外资利用八个方面的影响因素作用于绿色全要素生产率的机制。

---

[1] 潘兴侠，何宜庆. 工业生态效率评价及其影响因素研究——基于中国中东部省域面板数据[J]. 华东经济管理，2014，28（3）：33-38.

[2] 叶仁道，张勇，罗堃. 中国绿色经济效率的测算及影响因素——基于偏正态面板数据模型[J]. 技术经济，2017，36（11）：79-85.

经济发展水平反映了经济发展的规模和速度，是体现国家或地区发展水平最基本、最重要的指标。根据经济增长理论，经济发展可以通过规模效应、结构效应和技术效应作用于绿色全要素生产率。[1] 经济增长的具体表现之一就是经济规模的扩大，因此必然需要更多的资源投入，并在一定生产技术水平下产生更多的污染排放，从而导致资源的加速消耗和环境质量的下降。而经济规模的扩大同时会引起人口的大量集聚，有可能超出地区环境人口容量，且社会活动的增加也不可避免地影响当地的生态环境。同时，经济水平的提升使人们的生活条件得以改善，消费观念和消费模式发生转变，对生活品质的要求更高，对生态产品和满足精神追求的产品需求量提高，从需求侧促进产业结构的调整升级。[2] 经济规模的扩大和产业结构升级的需求使市场生产活动活跃，人们更愿意把资金投入社会生产活动中，包括新产品、新技术的研发，进而产生技术进步效应，促进产业技术水平提升，推动地区产业结构升级。同时，污染治理技术的发展，也有助于资源利用率的提高和生态环境的改善。

根据现代产业结构理论，产业结构对绿色经济增长具有重大影响，产业结构不仅体现了社会资源和自然资源在生产部门的配置状况，而且可以通过主导部门的更替反映社会经济发展的进程。[3] 地区产业结构升级使生产要素在生产部门间重新分配，导致能源需求量、自然资源消耗强度发生变化，进而对绿色全要素生产率产生影响。按照国家统计局关于第一、二、三次产业的划分标准，第一产业与生态环境联系最为紧密，大部分生产活动是对自然资源的初级利用，资源利用效率不高，易对自然环境造成直接破坏。第二产业中的工业部门是能源消耗大户，不仅需要大量能源作为原材料投入生产，生产过程中废弃物的大量排放也会造成严重的环境污染，其中采矿业等在生产活动中不仅排放大量烟粉尘和废水，还导致废弃矿山难以修复，破坏生态环境。相对而言，以生产、生活服务业为主的第三产业对能源的依赖不强，环境污染程度相对较低，其中科研产业有助于实现技术的突破，进而促进相

---

[1] 刘赢时，田银华，罗迎. 产业结构升级、能源效率与绿色全要素生产率 [J]. 财经理论与实践，2018，39 (1)：118-126.

[2] 张治栋，陈竞. 环境规制、产业集聚与绿色经济发展 [J]. 统计与决策，2020，36 (15)：114-118.

[3] 任阳军，汪传旭，齐颖秀，等. 资源型产业集聚对绿色全要素生产率影响的实证 [J]. 统计与决策，2020，36 (14)：124-127.

关行业技术水平提高,实现生产效率提升。① 此外,产业结构的升级也是一个产业内部与地区资源禀赋适配,外部与其余地区优势产业形成差异互补的演进过程,更为合理的产业结构不仅有助于降低生产、管理成本,提升生产效率,还有助于地区资源更合理配置,促进地区绿色全要素生产率提升。

根据新经济增长理论,人力资本是经济内生增长的主要动力,人力资本积累是提升经济增长质量的重要影响因素。② 生产过程中投入的人力资本水平越高,带来的技术创新效应越大,越有助于直接提高绿色全要素生产率。随着受教育程度的提高,人力资本得到累积。具有更高人力资本水平的劳动力投入生产过程中,将带来生产管理效率的提高。劳动力的人力资本水平越高,他们在理解、学习和运用新知识、新信息,使用新技术、新产品等方面的能力越强,越有利于提高生产效率。同时,劳动者受教育程度越高,他们的创新能力越强,在不断熟练的生产过程中更易产生创新。③ 同时,随着人力资本水平提高,人们的综合素质也在提升,环保意识增强,尊重自然、保护环境的观念普遍被接受,对生活质量也有更高的要求,使用节能环保产品、高新技术产品成为越来越普遍的现象。而且,随着环保意识的增强,信息渠道的拓宽,公众参与环境保护,有意识地监督和抵制企业污染排放行为的积极性也随之增强,从而有利于环保政策的执行,改善生态环境质量。

资本深化指的是经济增长过程中资本积累速度快于劳动力增加速度。由于生产过程机械化程度的提高有利于技术创新的出现,因此资本深化主要表现为生产中的资本有机构成的提高,往往代表了生产技术水平的提高和生产效率的提升。④ 一方面,随着生产劳动密集型产品或服务的行业发生技术革新,生产性资本增加,自动化水平提高,资源利用效率提升,直接促进生产效率的提升。另一方面,资本深化过程就是先进机器设备不断得到普遍应用的过程,有利于技术创新浪潮的出现,形成新产业部门,带动产业结构优化升级。但是,各个行业不断提高资本投入,意味着社会资本倾向于污染程度

---

① 余奕杉,卫平,高兴民. 生产性服务业集聚对城市绿色全要素生产率的影响——以中国283个城市为例 [J]. 当代经济管理,2021,43 (1):54-65.

② 刘斯敖. 三大城市群绿色全要素生产率增长与区域差异分析 [J]. 社会科学战线,2020 (7):259-265.

③ 孙亚男,杨名彦. 中国绿色全要素生产率的俱乐部收敛及地区差距来源研究 [J]. 数量经济技术经济研究,2020,37 (6):47-69.

④ 王圣云,韩亚杰,任慧敏,等. 中国省域生态福利绩效评估及其驱动效应分解 [J]. 资源科学,2020,42 (5):840-855.

相对较高的资金密集型行业，资本深化水平上升带来的自动化生产程度提高也可能会导致资源消耗变大，污染排放增多，对环境产生不利影响。同时，资本有机构成的提高，也可能会挤出生产中的大量劳动者，引起利润率下降，造成经济波动，不利于经济的长期增长。

政府作为市场的培育者和管理者，其政策措施和发展决策直接影响着经济社会活动的运行。但是，政策效应通常具有时滞性，因此政府规制对绿色全要素生产率的影响难以直接体现，还可能造成扭曲。政府一般通过财政支出、税收政策和产业政策等实现对经济的干预。如果地方政府在推动绿色环保方面投入足够的资金，对绿色环保企业进行补贴，鼓励企业绿色创新，则政府规制有助于绿色全要素生产率的提升。但是，政府通常以经济增长作为主要发展目标，各项政策措施的重心往往都放在经济发展项目上，在财政支出方面呈现出重基础建设与产业发展、轻公共服务与环境保护的倾向，在环境治理的投入与管制方面有所不足。而环保工作一般难以产生经济效益，多由政府承担，缺乏资金支持势必导致经济发展过程中存在大量的资源浪费与环境污染问题。[①] 同时，地方政府若存在以地区经济增长为中心的思想，就可能导致对高污染、高耗能企业的监管约束难以真正落实，从而加重生态环境的恶化。此外，政府支出规模的大幅增长容易造成资源浪费，政策目标导向的资源配置方式也在一定程度上忽略了地区各行业的生产效率，导致资源配置效率低，可能会阻碍绿色全要素生产率的增长。

环境规制一般通过制度或无形的意识来约束企业或个人污染环境的行为。一方面，环境规制可能促进绿色技术创新水平的提升。按照"波特假说"，在适当加强的环境规制下，企业只有引进或研发新技术才能适应不断加大的监管力度，否则将难以维持正常的生产活动，这便可以促进绿色全要素生产率的提升。[②] 但是，环境规制也会导致治污成本、研发成本和管理成本等增加，可能会使企业的发展受到抑制，反而不利于技术创新，影响区域经济活跃度，抑制地区绿色全要素生产率的提高。此外，一系列的环境政策有助于健全生态环境保护的"政府－产业－社会"思想教育和监督管理体系，约束个人和企业的生态破坏及环境污染行为。由于生态破坏及环境污染

---

① 陈景华. 中国服务业绿色全要素生产率增长的收敛性分析——基于行业异质性视角的检验[J]. 软科学, 2020, 34 (4): 19-25.

② 高杨, 牛子恒. 农业信息化、空间溢出效应与农业绿色全要素生产率——基于 SBM－ML 指数法和空间杜宾模型[J]. 统计与信息论坛, 2018, 33 (10): 66-75.

行为大多来自社会负外部性,难以进入经济成本核算体系,因此必须建立健全较为完善的"政府-产业-社会"生态环境保护监督体系,加强对全社会的生态环境保护的思想教育和监督管理,才能倒逼个人和企业的生态环境保护和环境污染治理行为,形成全社会重视生态环境保护,积极主动参与生态环境保护监督的良好氛围。

技术进步是实现经济长期增长的重要动力之一。具体来看,技术创新对绿色全要素生产率的影响主要体现在促进资源利用效率的提高,减少污染物的排放,实现清洁生产等方面。可分别通过生产技术进步、污染治理技术进步和开发清洁能源等现实途径,促进地区绿色全要素生产率的提高。但是,技术创新需要在前期投入大量资金进行研究,技术创新研究成果转化为产品,进入流通环节获取利润也面临较大的挑战。因此,一般而言,进行产业技术创新的绝大多数是大型企业,甚至大型企业的大量技术创新成果的转化率也比较低。除此之外,技术创新带来行业内的技术扩散,以及随之而来的追赶效应,也可能导致大量生产设备的更新换代,在一定程度上造成经济社会资源的浪费。

在对外开放成为经济发展必然趋势的背景下,外资利用水平成为影响地方经济发展的重要因素。参阅相关文献发现,关于外商直接投资对地方生态环境影响的争论由来已久。一类观点认为,外商直接投资会加剧东道国的环境污染。"污染避难所假说"认为,外商直接投资会导致东道国,特别是发展中国家逐步沦为发达国家的"污染避难所"。[1] 由于发达国家一般具有较为严格的环境政策,以及发展中国家具有生产要素的价格优势,发达国家往往会将本国环境污染较为严重的产业转移到发展中国家,造成发展中国家生态环境的恶化。另一类观点认为,外商直接投资有可能提高东道国特别是发展中国家的经济发展水平,进而在所投资产业的发展后期促进其提高环境质量。换言之,引进外商直接投资虽然前期会消耗更多的资源,造成一定的环境污染,但能提高东道国特别是发展中国家的生产规模、产出水平和管理效率,改变地区产业结构,从而促进地区经济增长和全要素生产率的提升。并且,外商直接投资带来相对东道国而言较为先进的生产技术和管理制度,也可能有助于提高资源利用效率,从而推动东道国技术效率的提升。

---

[1] 王兵,侯冰清. 中国区域绿色发展绩效实证研究:1998—2013——基于全局非径向方向性距离函数 [J]. 中国地质大学学报(社会科学版),2017,17(6):24-40.

第二节 指标选取及数据处理

一、绿色全要素生产率测度指标

国内对绿色全要素生产率的测度指标选取尚未形成统一标准。本书参照前人研究成果，基于数据可获得性、相关性和科学性原则选择投入产出指标（表3-2）。

投入包括非资源型投入与资源型投入。非资源型投入包括劳动和资本。资源型投入包括土地投入和能源投入。鉴于劳动力素质和劳动时间的数据较难获得，选取年末从业人员数代表劳动投入。永续盘存法是较为权威的资本存量估算方法，但估算差异较大。Young（2000）等多位学者的研究表明，以全社会固定资产投资总额作为资本投入时同样具有适用性[1]，因此本书选取全社会固定资产投资实际到位资金总额作为资本投入指标。土地既是生产环境也是生产资料，因此本书选用城市建成区土地面积与农作物播种面积的总和作为土地投入。由于西藏自治区缺乏能源消费总量数据，本书采用吴传清等（2018）的观点，用全社会用电量来代表能源投入[2]。

产出包括期望产出和非期望产出。本书采用地区生产总值（GDP）作为衡量期望产出的指标。非期望产出主要是经济社会发展过程中产生的环境污染物与生态破坏物，本书选取烟粉尘排放量、废水排放量、SO_2排放量来

---

[1] YOUNG A. Gold into base metals: Productivity growth in the People's Republic of China during the reform period [R]. Nber Working Papers, 2000, 111 (6): 1220-1261.
[2] 吴传清，宋筱筱. 长江经济带城市绿色发展影响因素及效率评估 [J]. 学习与实践，2018 (4): 5-13.

代表①②。

表3-2 绿色全要素生产率投入产出指标

类型		投入/产出要素	具体指标	单位
投入	资源型投入	土地	城市建成区与农作物播种面积之和	（千米）²
		能源	全社会用电量	亿千瓦时
	非资源型投入	劳动	年末从业人员数	万人
		资本	全社会固定资产投资实际到位资金	亿元
产出	期望产出	经济效益	实际地区生产总值	亿元
	非期望产出	烟粉尘	烟粉尘排放量	万吨
		废水	废水排放量	万吨
		废气	SO_2排放量	万吨

二、绿色全要素生产率影响因素指标

在前文选定绿色全要素生产率影响因素的基础上，为已经确定的8个影响因素选取代表指标（表3-3）：

①人均GDP能综合反映居民的生活水平和地区经济状况，因此经济发展水平用人均实际GDP指标衡量，并用GDP平减指数调整为以2005年为基期的不变价格。

②在研究期间，西部地区各省（自治区、直辖市）第二产业占比基本在40%以上，西部地区大部分时期处于工业化的初、中级阶段，因此用第二产业产值与地区生产总值的比值表示产业结构发展水平。

③正规的学校教育、干中学等是产生人力资本的主要途径，因此本章用劳动力受教育程度，即从业人员中高中及以上学历人员占比来衡量人力资本水平。

---

① 李斌，祁源，李倩. 财政分权、FDI与绿色全要素生产率——基于面板数据动态GMM方法的实证检验[J]. 国际贸易问题，2016（7）：119-129.
② 陈超凡. 中国工业绿色全要素生产率及其影响因素——基于ML生产率指数及动态面板模型的实证研究[J]. 统计研究，2016，33（3）：53-62.

④资本投入增加会对技术利用程度提出更高的要求，表现为资本深化程度，用物质资本存量和社会就业人员数的比值即资本劳动比反映。

⑤政府对市场的干预一般通过财政政策实现，故用地方财政支出占地区GDP比例代表各地政府对市场的干预程度。

⑥由于政府干预模式不固定且规制工具呈现多样性，环境规制指标确定的争议较大。但鉴于西部地区环境规制主要由政府推动，故采用环境污染治理强度，即环境污染治理投资额与地区GDP的比值来衡量环境规制的强度。

⑦技术创新是推动企业生产效率提升的直接因素，用各地区国内专利申请授权数衡量技术创新能力。

⑧外资利用在促进本地企业的管理水平和生产效率提升的同时，又有很大可能增加污染排放和环境治理成本。本章用外商投资企业投资总额与地区GDP的比值代表外资利用水平。

表3-3 绿色全要素生产率影响因素指标

因素	具体指标	衡量方式	单位
经济发展	人均实际GDP（RGDP）	实际GDP/地区常住人口	元
产业结构	产业结构（INS）	第二产业产值/GDP	—
人力资本	劳动力受教育水平（EDU）	从业人员中高中及以上学历人员占比	—
资本深化	资本劳动比（LPC）	物质资本存量/社会就业人员数	元/人
政府规制	财政干预度（GOV）	财政支出/GDP	—
环境规制	治污力度（TREA）	环境污染治理投资总额/GDP	—
技术创新	技术创新能力（PAT）	国内专利申请授权数	件
外资利用	外商直接投资（FDI）	外商投资企业投资总额/GDP	—

三、数据来源及处理

本章所使用的数据主要来自2006—2018年《中国统计年鉴》，部分数据由 2006—2018 年各省（自治区、直辖市）统计年鉴、《中国人口和就业统计年鉴》和《中国环境统计年鉴》补充，其中少数缺失数据通过相邻年份插值法和多元回归法补齐（表 3-4～表 3-9）。为了剔除价格因素的干扰，利用固定投资指数去除历年全社会固定资产投资实际到位资金总额所受的物价影响。利用地区生产总值指数构造 GDP 平减指数，将地区生产总值平减为以 2005 年为基期的不变价计算的实际 GDP。影响因素研究部分为了保持数据的平稳性，对各影响因素变量的原始值均取对数处理，描述性统计结果见表 3-10。

表 3-4　2006 年绿色全要素生产率投入产出数据

地区	年末从业人员数/万人	全社会固定资产投资实际到位资金/亿元	全社会用电量/亿千瓦时	城市建成区面积与农作物播种面积之和/（千米）^{2}	实际GDP/亿元	废水排放量/万吨	SO_2排放量/万吨	烟粉尘排放量/万吨
内蒙古	1051.20	3188.26	884.91	63802.47	4650.89	61509.00	155.70	93.00
广西	1521.00	2246.41	579.46	65340.38	4525.94	259721.00	99.40	91.90
重庆	1454.77	2550.60	405.20	35403.15	3897.72	150613.00	86.00	41.40
四川	4715.00	4643.74	1059.44	97923.61	8382.09	252375.00	128.10	94.10
贵州	1953.24	1272.10	581.98	48954.19	2262.11	55382.00	146.50	41.70
云南	2517.60	2141.75	645.61	61989.26	3863.29	80478.00	55.10	36.60
西藏	148.20	243.68	13.00	2408.10	281.89	3252.00	0.20	0.20
陕西	1986.00	2476.76	580.73	43107.15	4480.51	86565.00	98.10	65.10
甘肃	1411.05	971.09	536.33	37958.12	2156.39	45721.00	54.60	32.00
青海	294.19	380.94	244.41	5007.28	615.58	19407.00	13.00	16.10
宁夏	308.10	448.80	377.85	11541.77	690.41	31796.00	38.30	20.20
新疆	811.75	1543.44	356.20	38852.60	2890.65	65442.00	54.90	45.60

表 3-5　2010 年绿色全要素生产率投入产出数据

地区	年末从业人员数/万人	全社会固定资产投资实际到位资金/亿元	全社会用电量/亿千瓦时	城市建成区面积与农作物播种面积之和/(千米)²	实际GDP/亿元	废水排放量/万吨	SO₂排放量/万吨	烟粉尘排放量/万吨
内蒙古	1184.68	8608.55	1536.83	71063.72	8779.51	92548.00	139.41	80.73
广西	2945.34	7233.28	993.24	59909.03	7643.33	312630.00	90.38	57.93
重庆	1912.13	8133.85	626.44	34464.10	6959.47	128113.00	71.94	29.13
四川	4997.61	14579.92	1549.03	96417.33	14039.82	256095.00	113.10	48.26
贵州	2402.17	3547.21	835.38	49355.24	3632.00	60823.00	114.88	33.84
云南	2814.11	6205.55	1004.07	65124.61	6035.19	91992.00	50.07	23.00
西藏	175.03	518.03	20.41	2486.78	446.60	3825.00	0.39	0.32
陕西	1952.03	8978.31	859.22	42614.38	7862.34	115673.00	77.86	34.86
甘肃	1431.86	3130.67	804.43	40584.60	3287.84	51241.00	55.18	25.57
青海	294.10	1002.04	465.18	5583.18	1006.69	22609.00	14.34	17.40
宁夏	325.98	1387.60	546.77	12822.39	1112.75	40653.00	31.08	23.28
新疆	852.59	3507.50	661.96	48424.56	4304.20	83690.00	58.85	52.86

表 3-6　2017 年绿色全要素生产率投入产出数据

地区	年末从业人员数/万人	全社会固定资产投资实际到位资金/亿元	全社会用电量/亿千瓦时	城市建成区面积与农作物播种面积之和/(千米)²	实际GDP/亿元	废水排放量/万吨	SO₂排放量/万吨	烟粉尘排放量/万吨
内蒙古	1424.90	12463.70	2891.87	91411.38	15780.22	104250.80	54.63	53.62
广西	2842.00	19468.32	1444.95	61112.42	14185.82	198143.80	17.73	20.91
重庆	1714.55	17410.34	996.55	34818.65	15385.87	200676.90	25.34	8.33
四川	4872.00	29822.41	2205.18	98582.71	27270.75	362437.60	38.91	22.40
贵州	2023.20	12681.50	1384.89	57580.07	7972.72	118016.70	68.75	19.68

续表3-6

地区	年末从业人员/万人	全社会固定资产投资实际到位资金/亿元	全社会用电量/亿千瓦时	城市建成区面积与农作物播种面积之和/(千米)²	实际GDP/亿元	废水排放量/万吨	SO₂排放量/万吨	烟粉尘排放量/万吨
云南	2992.65	13284.14	1538.10	69050.16	12152.89	185111.90	38.44	22.42
西藏	265.36	1599.02	58.19	2688.09	939.84	7175.65	0.35	0.66
陕西	2072.00	21171.88	1494.75	41925.88	15424.35	175954.50	27.94	23.67
甘肃	1553.84	4952.34	1164.37	38389.02	6050.29	64513.86	25.88	17.71
青海	326.97	3214.38	687.01	5753.01	1945.80	27115.01	9.24	12.95
宁夏	375.90	2752.41	978.30	11784.40	2075.78	30734.75	20.75	18.77
新疆	1241.73	10246.93	2542.85	60113.19	8301.19	101291.20	41.82	50.15

表3-7 2006年绿色全要素生产率影响因素数据

地区	人均实际GDP/元	资本劳动比/(元/人)	劳动力受教育水平/%	产业结构/%	财政干预度/%	技术创新能力/件	治污力度/%	外商直接投资/%
内蒙古	19257.95	116417.41	21.33	47.07	16.43	978	2.19	0.24
广西	9590.88	27369.31	15.74	39.58	15.37	1442	0.85	0.30
重庆	13880.76	48370.22	13.84	48.03	15.24	4590	1.72	0.19
四川	10260.85	31043.51	11.08	43.44	15.50	7138	0.82	0.18
贵州	6130.39	18498.82	8.43	41.93	26.11	1337	0.86	0.09
云南	8617.65	28693.42	9.33	42.94	22.41	1637	0.72	0.21
西藏	9888.12	59944.47	1.60	27.55	68.85	81	0.59	0.11
陕西	12112.75	45837.97	20.81	51.45	17.37	2473	0.91	0.25
甘肃	8467.08	29840.04	12.33	45.81	23.21	832	1.22	0.10
青海	11239.39	53615.78	18.08	51.07	33.10	97	0.94	0.25
宁夏	11435.77	60776.68	20.23	48.19	26.62	290	3.00	0.48

续表3-7

地区	人均实际GDP/元	资本劳动比/(元/人)	劳动力受教育水平/%	产业结构/%	财政干预度/%	技术创新能力/件	治污力度/%	外商直接投资/%
新疆	14100.74	82457.44	22.08	47.92	22.28	1187	0.77	0.07

表3-8 2010年绿色全要素生产率影响因素数据

地区	人均实际GDP/元	资本劳动比/(元/人)	劳动力受教育水平/%	产业结构/%	财政干预度/%	技术创新能力/件	治污力度/%	外商直接投资/%
内蒙古	35515.80	232404.66	27.04	54.56	19.48	2096	2.05	0.13
广西	16579.90	69696.38	18.78	47.14	20.98	3647	1.71	0.20
重庆	24122.95	82970.26	22.64	44.93	21.19	12080	2.22	0.29
四川	17451.61	58909.39	16.61	50.46	24.78	32212	0.52	0.21
贵州	10439.78	36538.45	13.62	39.11	35.45	3086	0.65	0.06
云南	13114.27	54888.44	13.76	44.62	31.64	3823	1.47	0.17
西藏	14886.66	100716.25	11.19	32.30	108.59	124	0.06	0.07
陕西	21050.43	100998.60	24.88	53.80	21.92	10034	1.77	0.12
甘肃	12843.14	56880.97	19.10	48.17	35.64	1868	1.55	0.10
青海	17880.74	111779.60	21.32	55.14	55.05	264	1.26	0.12
宁夏	17578.93	139655.27	25.13	49.00	33.00	1081	2.04	0.16
新疆	19698.85	134050.92	25.46	47.67	31.24	2562	1.44	0.07

表3-9 2017年绿色全要素生产率影响因素数据

地区	人均实际GDP/元	资本劳动比/(元/人)	劳动力受教育水平/%	产业结构/%	财政干预度/%	技术创新能力/件	治污力度/%	外商直接投资/%
内蒙古	62397.09	437222.70	38.30	39.76	28.14	6271	2.61	0.19
广西	29039.55	185651.87	29.30	40.22	26.50	15270	0.90	0.20

续表3-9

地区	人均实际GDP/元	资本劳动比/(元/人)	劳动力受教育水平/%	产业结构/%	财政干预度/%	技术创新能力/件	治污力度/%	外商直接投资/%
重庆	50035.35	223439.63	37.60	42.14	21.61	34780	1.14	0.32
四川	32848.40	141737.31	28.00	38.75	23.51	64006	0.83	0.21
贵州	22270.15	155094.15	20.30	40.09	34.06	12559	1.60	0.16
云南	25313.24	179094.91	20.00	37.89	34.89	14230	0.86	0.15
西藏	27888.33	191686.30	16.90	39.18	128.30	420	2.07	0.16
陕西	40219.94	245879.05	40.40	49.70	22.07	34554	1.44	0.25
甘肃	23039.95	130741.59	30.00	34.34	44.30	9672	1.16	0.18
青海	32538.44	414590.97	33.20	44.29	58.30	1580	1.55	0.20
宁夏	30436.63	390512.45	38.80	45.90	39.87	4244	2.44	0.60
新疆	33951.70	293141.31	41.70	39.80	42.61	8094	3.53	0.08

表3-10 影响因素变量描述性统计

变量	平均值	标准差	最小值	最大值
GTFPS	0.929	0.094	0.649	1.000
GECS	0.991	0.040	0.725	1.000
GTCS	0.937	0.087	0.655	1.000
RGDP	9.900	0.465	8.721	11.041
INS	3.760	0.052	3.647	3.866
EDU	3.009	0.596	0.095	3.731
LPC	11.589	0.697	9.825	12.988
TREA	0.308	0.645	−2.996	1.539
GOV	−1.157	0.504	−2.749	−0.542
PAT	8.063	1.613	4.220	11.081

续表3-10

变量	平均值	标准差	最小值	最大值
FDI	-1.9823	0.5042	-3.0506	-0.5168

注：GTFPS——绿色全要素生产率指数；GECS——绿色效率改善指数；GTCS——绿色技术进步指数。

第三节 绿色全要素生产率的测度

一、构建 Malmquist－Luenberger 生产率指数函数

这里利用基于 SBM 模型的方向性距离函数代替产出距离函数，将污染排放作为具有弱可处置性的非期望产出，构建 Malmquist－Luenberger 指数（ML 指数）模型。① ML 指数的非期望产出模型能够同时考虑投入的减少和产出的增加，既鼓励期望产出向生产前沿扩张，又鼓励污染排放向污染最小化前沿缩减，且不需要限制成本最小化与利润最大化的条件，各变量无须等比例变动。因此，可以测算期望产出增加和非期望产出减少时的效率值，与实际经济活动较为符合，与西部地区需要在发展中解决资源环境问题的发展现实高度适应。② 同时，ML 指数模型将生产效率指数划分为技术效率改善指数（EC）和技术进步指数（TC），有助于进一步厘清效率变化的驱动因

---

① 李海鹏，罗丽，张雄，等. 中国农业能源效率动态演变及其影响因素 [J]. 中国人口·资源与环境，2020，30（12）：105－115.

② 周杰文，赵月，杨阳. "一带一路"沿线省份绿色经济效率时空差异研究 [J]. 统计与决策，2020，36（22）：100－103.

素。根据托恩（Tone，2001）等人的效率模型[①]，将非径向、非角度的 SBM 方向性距离函数定义为式（3-1）：

$$S_v^t(x^{t,k^t}, y^{t,k^t}, b^{t,k^t}, g^x, g^y, g^b) =$$

$$\max_{s^x, s^y, s^b} \frac{\frac{1}{N}\sum_{n=1}^{N}\frac{s_n^x}{g_n^x} + \frac{1}{M+I}\left[\sum_{m=1}^{M}\frac{s_m^x}{g_m^x} + \sum_{i=1}^{I}\frac{s_i^b}{g_i^b}\right]}{2}$$

$$\text{s.t.} \sum_{k=1}^{K} z_k^t s_{kn}^t + s_n^x = s_{kn}^t, \forall n; \sum_{k=1}^{K} z_k^t y_{km}^t + s_m^y = y_{km}^t, \forall m; \sum_{k=1}^{K} z_k^t b_{ki}^t + s_i^b = b_{ki}^t, \forall i;$$

$$\sum_{k=1}^{K} z_k^t = 1, z_k^t \geq 0, \forall k; s_n^x \geq 0, \forall n; s_m^y \geq 0, \forall m; s_i^b \geq 0, \forall i$$

$$(3-1)$$

式中，n 代表决策单元，m 代表投入要素，产生 s_1 种期望产出和 s_2 种非期望产出，可以表示为 $x \in R^m$，$y^g \in R^{ms_1}$，$y^b \in R^{s_2}$。$(x^{t,k^t}, y^{t,k^t}, b^{t,k^t})$ 代表 k 省（自治区、直辖市）t 年份的投入产出向量，(g^x, g^y, g^b) 的正方向代表期望产出扩张、投入和非期望产出缩减。(s_n^x, s_m^y, s_i^b) 为非径向、非导向的松弛向量。

这里构建 Malmquist-Luenberger 生产率指数函数如下：

$$ML_t^{t+1} = EC_t^{t+1} \times TC_t^{t+1} \quad (3-2)$$

其中，$EC_t^{t+1} = \dfrac{1+\mathbf{D}_0^t(x^t,y^t,b^t;\mathbf{g}^t)}{1+\mathbf{D}_0^{t+1}(x^{t+1},y^{t+1},b^{t+1};\mathbf{g}^{t+1})}$

$$TC_t^{t+1} = \left[\frac{1+\mathbf{D}_0^{t+1}(x^t,y^t,b^t;\mathbf{g}^t)}{1+\mathbf{D}_0^t(x^t,y^t,b^t;\mathbf{g}^t)} \times \frac{1+\mathbf{D}_0^{t+1}(x^{t+1},y^{t+1},b^{t+1};\mathbf{g}^{t+1})}{1+\mathbf{D}_0^t(x^{t+1},y^{t+1},b^{t+1};\mathbf{g}^{t+1})}\right]^{\frac{1}{2}}$$

式中，TC_t^{t+1} 代表 t 时期到 $t+1$ 时期的技术进步，EC_t^{t+1} 代表技术效率改善，$\mathbf{g}$ 为方向向量。ML、TC 和 EC 大于 1（小于 1）分别代表生产效率上升（下降）、技术进步（退步）和技术效率改善（下降）。

[①] TONE K. Dealing with undesirable outputs in DEA: a Slacks-Based Measure (SBM) approach [R]. Presentation at NAPW Ⅲ, Toronto, 2004.

二、计算绿色全要素生产率指数及其分解指数

这里应用 MATLAB 软件计算得到 2005—2017 年西部地区 12 个省（自治区、直辖市）的 ML 指数及其分解指数（表 3-11～表 3-13）。本书将环境因素纳入全要素生产率的测度指标体系［式（3-1）、式（3-2）］，测得的 ML 指数即代表绿色全要素生产率指数（GTFP 指数）（表 3-5），技术进步指数为绿色技术进步指数（GTC 指数）（表 3-12），效率改善指数为绿色效率改善指数（GEC 指数）（表 3-13）。

表 3-11 西部地区 12 个省（自治区、直辖市）绿色全要素生产率指数（GTFP 指数）

地区	内蒙古	广西	重庆	四川	贵州	云南	西藏	陕西	甘肃	青海	宁夏	新疆
2005—2006	1.27	1.01	1.03	0.97	1.08	0.97	1.09	1.08	1.04	1.12	1.13	1.04
2006—2007	1.10	1.01	1.07	1.05	0.97	0.97	0.97	1.05	0.96	1.06	1.01	1.04
2007—2008	1.08	1.03	1.07	1.04	0.99	1.00	1.03	1.08	0.96	1.06	1.03	1.03
2008—2009	1.06	0.93	0.96	0.82	0.92	0.88	1.06	1.04	0.81	0.95	0.94	0.96
2009—2010	1.00	1.00	1.03	1.01	1.05	0.97	1.03	1.07	0.93	1.03	0.83	1.02
2010—2011	1.01	1.05	1.04	1.07	0.98	1.05	1.08	1.05	0.98	0.92	1.06	0.93
2011—2012	1.00	0.92	1.01	0.96	0.99	0.91	1.15	1.02	0.87	0.88	0.88	0.94
2012—2013	1.04	1.04	0.99	0.95	1.07	1.00	0.96	1.03	0.92	1.00	0.84	1.07
2013—2014	1.04	1.05	1.02	1.06	0.92	1.03	1.31	0.98	0.87	0.92	0.98	1.07
2014—2015	1.50	1.20	1.15	1.18	1.17	1.17	1.25	1.22	1.34	1.15	1.25	1.28
2015—2016	0.89	0.93	0.94	0.95	0.97	0.92	0.71	0.88	0.91	0.93	0.92	0.85
2016—2017	1.13	1.08	1.06	1.05	1.03	1.09	1.42	1.14	1.10	1.08	1.09	1.18
均值	1.09	1.02	1.03	1.01	1.01	1.00	1.09	1.05	0.97	1.01	1.00	1.04

数据来源：主要数据来源为 2006—2018 年《中国统计年鉴》，部分数据来自 2006—2018 年各省统计年鉴、《中国人口和就业统计年鉴》和《中国环境统计年鉴》。

表3-12 西部地区12个省（自治区、直辖市）绿色技术进步指数（GTC指数）

地区	内蒙古	广西	重庆	四川	贵州	云南	西藏	陕西	甘肃	青海	宁夏	新疆
2005—2006	1.27	1.01	1.03	0.97	1.08	0.97	1.09	1.08	1.04	1.12	1.13	1.04
2006—2007	1.10	1.01	1.07	1.05	0.97	0.97	0.97	1.05	0.96	1.06	1.01	1.04
2007—2008	1.08	1.03	1.07	1.04	0.99	1.00	1.03	1.08	0.96	1.06	1.03	1.03
2008—2009	1.06	0.93	0.96	0.82	0.92	0.88	1.06	1.04	0.81	0.95	0.94	0.96
2009—2010	1.00	1.00	1.03	1.01	1.05	0.97	1.03	1.07	0.93	1.03	1.11	1.02
2010—2011	1.01	1.05	1.04	1.07	0.98	1.05	1.08	1.05	0.98	0.92	1.34	0.93
2011—2012	1.00	0.92	1.01	0.96	0.99	0.91	1.15	1.02	0.90	0.88	0.88	0.94
2012—2013	1.04	1.04	0.99	0.95	1.07	1.00	0.96	1.03	0.94	1.00	1.22	1.07
2013—2014	1.04	1.05	1.02	1.03	0.92	1.03	1.31	0.98	0.84	0.97	1.45	1.07
2014—2015	1.50	1.20	1.15	1.18	1.17	1.17	1.25	1.22	1.29	1.15	1.25	1.28
2015—2016	0.89	0.93	0.94	0.95	0.97	0.92	0.71	0.88	0.98	0.93	0.92	1.05
2016—2017	1.13	1.08	1.06	1.05	1.03	1.09	1.42	1.14	1.02	1.08	1.09	0.95
均值	1.09	1.02	1.03	1.01	1.01	1.00	1.09	1.05	0.97	1.01	1.11	1.03

数据来源：主要数据来源为2006—2018年《中国统计年鉴》，部分数据来自2006—2018年各省统计年鉴、《中国人口和就业统计年鉴》和《中国环境统计年鉴》。

表3-13 西部地区12个省（自治区、直辖市）绿色效率改善指数（GEC指数）

地区	内蒙古	广西	重庆	四川	贵州	云南	西藏	陕西	甘肃	青海	宁夏	新疆
2005—2006	1.00	1.00	1.00	1.00	1.00	1.00	1.00	1.00	1.00	1.00	1.00	1.00
2006—2007	1.00	1.00	1.00	1.00	1.00	1.00	1.00	1.00	1.00	1.00	1.00	1.00
2007—2008	1.00	1.00	1.00	1.00	1.00	1.00	1.00	1.00	1.00	1.00	1.00	1.00
2008—2009	1.00	1.00	1.00	1.00	1.00	1.00	1.00	1.00	1.00	1.00	1.00	1.00
2009—2010	1.00	1.00	1.00	1.00	1.00	1.00	1.00	1.00	1.00	1.00	0.75	1.00
2010—2011	1.00	1.00	1.00	1.00	1.00	1.00	1.00	1.00	0.99	1.00	0.79	1.00
2011—2012	1.00	1.00	1.00	1.00	1.00	1.00	1.00	1.00	0.96	1.00	1.00	1.00
2012—2013	1.00	1.00	1.00	1.00	1.00	1.00	1.00	1.00	0.98	1.00	0.69	1.00

续表3-13

地区	内蒙古	广西	重庆	四川	贵州	云南	西藏	陕西	甘肃	青海	宁夏	新疆
2013—2014	1.00	1.00	1.00	1.00	1.00	1.00	1.00	1.00	1.03	1.00	0.72	1.00
2014—2015	1.00	1.00	1.00	1.00	1.00	1.00	1.00	1.00	1.04	1.00	1.00	1.00
2015—2016	1.00	1.00	1.00	1.00	1.00	1.00	1.00	1.00	0.93	1.00	1.00	0.81
2016—2017	1.00	1.00	1.00	1.00	1.00	1.00	1.00	1.00	1.08	1.00	1.00	1.24
均值	1.00	1.00	1.00	1.00	1.00	1.00	1.00	1.00	1.00	1.00	0.90	1.00

数据来源： 主要数据来源为2006—2018年《中国统计年鉴》，部分数据来自2006—2018年各省统计年鉴、《中国人口和就业统计年鉴》和《中国环境统计年鉴》。

第四节　绿色全要素生产率的影响因素分析

一、构建动态面板数据模型

结合本章前三节的分析结论及数据，这里采用一步系统GMM估计方法[1]构建动态面板数据模型，进一步深入研究西部地区绿色全要素生产率的影响因素。一步系统GMM方法将工具变量引入估计方程，增加因变量的一阶差分滞后项作为水平方程的工具变量，能有效解决解释变量的内生性问题，并比差分GMM估计的偏误性更小。[2] 选用Sargan统计量检验GMM方法工具变量的可靠性，选用Arellano-Bond统计量检验模型是否存在序

---

[1] 李斌，祁源，李倩. 财政分权、FDI与绿色全要素生产率——基于面板数据动态GMM方法的实证检验[J]. 国际贸易问题，2016 (7): 119-129.

[2] 陈超凡. 中国工业绿色全要素生产率及其影响因素——基于ML生产率指数及动态面板模型的实证研究[J]. 统计研究，2016, 33 (3): 53-62.

列相关。同时，为排除异方差的影响，在稳健型标准差回归下进行估计。

下面以我国西部地区的12个省（自治区、直辖市）作为研究对象空间单元，采用2006—2017年的面板数据，考察经济发展、产业结构、人力资本、资本深化、环境规制、政府规制、技术创新和外资利用共8类影响因素对西部地区绿色全要素生产率的影响作用，相应的动态面板模型设定如下：

$$\begin{aligned} Y_{i,t} = & \beta_0 + \beta_1 Y_{I,t-1} + \beta_2 RGDP_{i,t} + \beta_3 INS_{i,t} + \beta_4 EDU_{i,t} + \\ & \beta_5 LPC_{i,t} + \beta_6 TREA_{i,t} + \beta_7 DEF_{i,t} + \\ & \beta_8 PAT_{i,t} + \beta_9 FDI_{i,t} + \gamma_i + \varepsilon_{i,t} \end{aligned} \quad (3-3)$$

式中，Y代表被解释变量；γ_i为不随时间变化的地区特质；$\varepsilon_{i,t}$为随机干扰项。以2005—2006年的绿色全要素生产率指数为基期进行累乘[①]，将绿色全要素生产率指数转化为绿色全要素生产率累积指数，绿色效率改善指数和绿色技术进步指数做同样处理，分别以GTFPS、GECS、GTCS表示。

二、面板模型的稳健性检验

运用STATA 16.0软件对模型进行估计，以GTFPS为被解释变量的方程为主模型（模型1），以GECS、GTCS为被解释变量的方程为次模型（模型2、模型3），通过变换自变量和采用固定效应模型、随机效应模型做稳健性检验（模型4、模型5）。结果如表3-14所示，AR（1）的p值小于0.05，AR（2）的p值大于0.1，说明模型不存在二阶自相关。Sargan统计量对应的p值均在0.1以上，说明所选工具变量在整体上是合理有效的。同时，静态面板与动态面板估计出的系数符号较为一致，主模型系数基本落在固定效应、随机效应模型估计结果变量系数之间，进一步说明变量选取合理。因此，模型设定较合理，估计结果可靠性较强。

[①] 李海鹏，罗丽，张雄，等. 中国农业能源效率动态演变及其影响因素［J］. 中国人口·资源与环境，2020，30（12）：105-115.

表 3-14　绿色全要素生产率影响因素的计量回归结果

指标	回归结果 模型1（GTFPS）	回归结果 模型2（GECS）	回归结果 模型3（GTCS）	稳健性检验 模型4（固定效应）	稳健性检验 模型5（随机效应）
GTFPS（-1）	0.7548*** (11.93)				
GECS（-1）		0.740506*** (11.65)			
GTCS（-1）			0.6568*** (9.47)		
RGDP	0.1314*** (2.63)	0.0668*** (2.84)	0.1390*** (2.87)	0.0356 (0.35)	0.2779*** (3.65)
INS	0.0966** (-2.21)	0.0804*** (2.55)	0.0785* (-1.87)	0.3036 (1.27)	0.0731 (0.34)
EDU	0.01587 (1.03)	0.0397 (0.74)	0.0062 (0.36)	0.0345 (1.52)	0.0160 (0.51)
LPC	-0.0649** (-2.11)	-0.1093*** (-5.09)	-0.0686** (-2.27)	-0.0788 (1.48)	-0.1863*** (-4.38)
TREA	-0.0230** (-2.15)	-0.0084 (1.12)	-0.0151 (-1.57)	-0.0237 (-1.8)	-0.0258* (-1.95)
GOV	-0.0468*** (-2.93)	-0.0378*** (-2.71)	-0.0308* (-1.68)	0.0557 (0.86)	0.0084 (0.23)
PAT	0.0041 (0.82)	-0.0051* (-1.70)	0.0063* (1.90)	0.0074 (0.28)	-0.0082 (-0.72)
FDI	-0.0101* (-1.67)	-0.0038 (-0.71)	-0.0081 (-1.10)	-0.0173 (-1.64)	-0.0243* (-1.79)
cons				0.4263 (0.53)	0.2642 (0.40)
样本数	132	132	132	144	144
AR（1）	0.001	0.002	0.000		
AR（2）	0.567	0.289	0.160		
Sargan	0.119	0.493	0.296		
F-TEST				5.02***	
WALD					5441.28***

注：括号内的值为 t 统计量，***、**、* 分别表示1%、5%、10%的显著性水平。

三、多因素的影响效力分析

根据表 3-14 中的数据可知，由我国西部地区 12 个省（自治区、直辖市）2006—2017 年的面板数据计算得到的绿色全要素生产率及其分解项的滞后一期高度正向显著，系数分别高达 0.7548、0.7405、0.6568，是所有影响因素中作用效果最强的，说明绿色全要素生产率的增长具有很强的时间惯性，一旦其表现为增长趋势，则会发挥绿色推动效应在下一时期实现持续增长，形成良性循环[①]。同时，绿色技术进步受到前一期的影响相对较弱，可能是因为随着时间的推移，之前的先进技术不断被淘汰，新的技术不断被投入生产中，前期的技术进步影响较小，更重要的是持续不断的技术创新。

根据表 3-14 中的数据可知：

（1）近年来我国西部地区 12 个省（自治区、直辖市）的经济发展水平这一影响因素对绿色全要素生产率有显著正向效应，说明西部地区经济增长有助于提高该地区的绿色全要素生产率。事实上，我国西部地区总体开发程度较低，发展不充分不平衡的特征较为明显，经济发展速度比全国增速略快，但经济总量还有待提升。利用 2005—2019 年全国和西部地区 GDP 及增长率的相关数据（图 1-1）进行计算，西部地区人均实际 GDP 排名前 3 位的省（自治区、直辖市）长期稳定为内蒙古、重庆和陕西。同时，重庆和内蒙古两地的经济总量年均增速也在西部地区 12 个省（自治区、直辖市）中排名前列。其中，经济总量增长速度最快的是内蒙古。同时期，西部地区人均实际 GDP 排名靠后的分别是云南、甘肃和贵州 3 省。并且，甘肃省经济总量的年均增速处于较低水平。虽然西部地区经济发展水平较低，人口流失较为严重，但与我国其他地区相比生态环境质量较高，环境人口容量还比较充裕。事实上，地区经济的增长能吸引人才、资本和劳动等生产要素集聚，在提高生产效率的同时还不至于对环境造成过大压力。后发优势也有利于西部地区在绿色经济发展过程中直接引进先进技术设备，规避污染较大的产业

---

① 胡碧霞，李菁，匡兵. 绿色发展理念下城市土地利用效率差异的演进特征及影响因素[J]. 经济地理，2018，38（12）：183-189.

发展模式。① 因此，提升经济发展水平是促进西部地区绿色全要素生产率提升的有效途径。

（2）近年来我国西部地区12个省（自治区、直辖市）的产业结构这一影响因素对绿色全要素生产率增长有显著正向效应，且作用效果相对较强。根据2005—2019年全国和西部地区产业结构数据（图1-2）进行分析，西部地区还处于工业化发展初、中级阶段。截至2017年，西部地区第二产业产值占比约为41.11%，占比排名前3位的省份为陕西、青海和宁夏，其余大部分省（自治区、直辖市）的第二产业产值占比都呈现出先增长后下降的趋势，仅西藏还呈现增长趋势，第二产业产值占比从2006年的27.55%增至2017年的39.18%。由此看来，工业仍为西部地区发展的主导产业，第二产业的增长仍是促进经济增长的重要途径。但从长期来看，单纯以第二产业拉动地区经济增长必将导致环境压力不断增大，与新时代创新、协调、绿色、开放、共享的新发展理念引领的高质量发展目标相违背，因此西部地区依然需要进一步优化其产业结构。同时，西部地区逐步趋于严格的环境规制政策也在一定程度上减少了工业发展对生态环境可能造成的破坏，促进绿色全要素生产率的提升。

（3）近年来我国西部地区12个省（自治区、直辖市）的人力资本这一影响因素对绿色全要素生产率的影响作用还不显著，可能是由于西部地区人力资源缺乏，尤其是高层次核心人才缺乏，导致整体上人力资本对生产效率提升的积极作用尚未显现。总体来看，2006—2017年，西部地区各省（自治区、直辖市）从业人员中高中及以上学历人数占比基本实现增加1倍，但相较发达地区仍有较大差距，且劳动力受教育程度的地区差异还比较大。2017年，西部地区12个省（自治区、直辖市）从业人员中高中及以上学历人员占比最高的2个省份为新疆和陕西，分别达到了41.70%和40.40%。而占比最低的3个省份长期固定为云南、贵州和西藏，其中西藏的人力资本发展基础最差，2006年就业人员中高中及以上学历人员占比仅为1.60%，至2017年才提升到16.90%。此外，西部地区还存在人力资本的层次单一、人力资本配置不合理、结构性人才短缺等问题，导致虽然人力资本有所增加，但未能与现有产业结构相匹配。生产技术也更多由企业自主推动引进，

---

① 陈黎明, 王俊昊, 赵婉茹, 等. 中国区域绿色全要素生产率的影响因素及其空间特征[J]. 财经理论与实践, 2020, 41（4）: 122-132.

劳动者在其中主要处于受支配地位，因此缺乏人力资源高效配置的产业基础，难以通过人力资本提升实现绿色全要素生产率的增长。

（4）近年来我国西部地区12个省（自治区、直辖市）的资本深化这一影响因素对绿色全要素生产率整体的影响是高度负向显著的，说明西部地区生产过程中资本有机构成改善对生产技术水平提升的促进作用没有体现。长期以来，西部地区资本劳动比的持续攀升主要依靠粗放的工业规模扩张来实现，盲目且迅速的扩张会带来一系列发展隐患。尤其是重化工业的发展加速了资本密度的提升，而工业重型化的特征在于，需要足够多的原材料进行生产，不仅造成资源浪费，还会对土地、森林等自然资源造成难以修复的损伤，导致生态环境质量的进一步恶化。[①] 内蒙古、宁夏、青海等作为西部地区资本深化水平持续上升的地区，资本有机构成的提高主要通过大量基础设施的投资建设实现，四川、重庆等经济发展基础较好的地区反而没有实现资本深化水平的大幅提升。这说明西部地区的大量资本投入对生产过程的作用效果有限，主要处于对基础设施的建设、生产设备的更新阶段，还未形成规模产出效益。

（5）近年来我国西部地区12个省（自治区、直辖市）的环境规制这一影响因素对西部地区绿色全要素生产率的影响为负。一方面，西部地区生态环境复杂，在生态环境治理方面的投入相对较低。从表3-7~表3-9中的数据分析可见，2006—2017年，内蒙古、宁夏和新疆在环境污染治理方面的投入相对较高，西藏的相关治理投资也在不断上升，其中大多数是用于治理长期存在的环境问题，如矿山修复、水土流失治理等。四川、重庆等地环境污染治理投资比例则在不断下降。此外，由于西部地区生态环境复杂，现有环境规制政策难以针对具体区域的生态环境问题制定，导致治污困难，因而难以充分实现治污效果，造成了一定的资源浪费，降低了绿色技术效率。而西部地区优秀污染治理技术人才的缺乏，阻碍了绿色治污技术进步。另一方面，生态环境保护的相关投资大都难以在短时间内见效，一般由企业和政府提供，而巨额生态环境保护资金投入又使得地方政府普遍存在吸引高耗能、高污染企业以促进经济发展的冲动。

（6）近年来我国西部地区12个省（自治区、直辖市）的政府财政干预

[①] 李汝资，潘镨. 江西省城市绿色经济效率时空变动及影响因素［J］. 生态经济，2019，35(5)：100－104，212.

这一影响因素对绿色全要素生产率提升有负向作用。2006—2017 年，西部地区政府财政支出占比排前 3 位的省份基本固定为西藏、青海和甘肃。其中，西藏的财政支出占比最高，2017 年为西藏地区生产总值的 1.28 倍；青海的财政支出则达到地区生产总值的一半以上；新疆的财政支出占比则从 2006 年的 22.28% 增长至 2017 年的 42.61%。此外，财政支出中转移支付占据很大一部分。虽然政府以财政补贴、税收优惠为主的财政支出对经济活动的干预在一定程度上弥补了市场无效，但生产资源的再分配也扰乱了市场价格机制和竞争机制，造成了经济效率损失，导致了一定的低效率，使绿色全要素生产率、绿色技术效率恶化。同时，西部地区地方财政在经济建设上的大量支出，也对社会资本造成较多的"市场挤出效应"，而会对绿色技术的革新与进步产生直接促进作用的科研拨款等公共事业支出又有所欠缺，难以支持长期的技术创新。

（7）近年来我国西部地区 12 个省（自治区、直辖市）的技术创新这一影响因素对绿色全要素生产率影响不显著，但对绿色效率改善有负向影响，对绿色技术进步有正向影响。管理水平的相对低下和生产技术的不断进步导致二者间的差距扩大，技术创新在生产环节中难以实现有效利用，资源利用效率难以有效提升。从实际情况来看，西部地区各省（自治区、直辖市）技术创新水平长期稳定提升，2006—2017 年国内专利申请授权数排名前 3 位的省份长期为四川、重庆和陕西，宁夏、青海和西藏则一直处于后 3 位。其中，陕西、青海和宁夏的专利申请授权数增长速度较快，年均增速分别为 23.41%、23.33% 和 22.56%。技术创新可以提高技术进步水平，带动绿色生产效率的提升，在生产领域应用潜力很大，因而对绿色全要素生产率有促进作用。但是，单纯的技术创新并未改善西部地区资源配置效率低下的问题，甚至对效率改善有一定负面作用。根据唐家龙提出的理论，技术效率提升的上限取决于技术进步的水平[①]，但只依靠技术进步势必会出现资源配置失衡和资源浪费现象。西部地区存在效率改善与技术进步不匹配的问题，二者的失衡抵消了技术创新对绿色全要素生产率提升的促进作用。

（8）近年来我国西部地区 12 个省（自治区、直辖市）的外商直接投资这一影响因素对绿色全要素生产率提升有抑制作用。一方面，西部地区地处内陆，劳动力价格低廉，自然资源丰富，外商直接投资多布局于劳动密集型

---

① 唐家龙. 中国经济增长的源泉（1952—2007）[D]. 天津：南开大学，2009.

的低技术含量产业,以及资源密集型的高能耗产业等,印证了"污染避难所假说"(即若各个国家除了环境标准,其他方面的条件都相同,那么污染企业就会选择在环境标准较低的国家进行生产,这些国家就成为"污染天堂"[①])。同时,外商直接投资还可能挤占本国企业的投资空间,一系列的招商引资优惠政策也可能隐形地增大了企业的生产成本。[②] 另一方面,西部地区外商直接投资相对而言发展缓慢,2006—2017年,12个省(自治区、直辖市)中就有内蒙古、广西、云南和陕西4个省份的外商投资企业投资总额占比不断下降。从长期来看,2006—2017年间,西部地区的12个省(自治区、直辖市)中,仅有重庆的外商投资企业的投资总额占比基本达到30%。因此,相对其他影响因素而言,外商直接投资对西部地区绿色全要素生产率的影响不显著,甚至还会产生一定的负向作用。

[①] 曾贤刚.环境规制、外商直接投资与"污染避难所"假说[J].经济理论与经济管理,2010(11):65—71.

[②] 曾慧.经济增长、FDI与环境污染关系研究:以浙江为例[J].统计科学与实践,2014(5):24—26.

第四章

西部地区绿色全要素生产率的时空演化特征

第一节 时序特征分析

一、绿色全要素生产率指数的时序特征

对表 3-11 中的数据进行可视化处理（图 4-1），可以看出，2005—2017 年，我国西部地区 12 个省（自治区、直辖市）中，除甘肃外，其余 11 个省份的绿色全要素生产率指数（GTFP 指数）年平均值均大于 1。进一步分析这些数据发现，近年来我国西部地区的绿色全要素生产率总体呈上升趋势，但增长幅度较小，且年与年之间差值较大。在这 12 年里，2009 年、2012 年和 2016 年绿色全要素生产率指数均值小于 1，显示这些年份西部地区绿色全要素生产率有所下降，其余年份西部地区的绿色全要素生产率均呈现上升趋势。从具体省份来看，2005—2017 年，西藏和内蒙古的绿色全要素生产率增长速度最快，陕西次之。

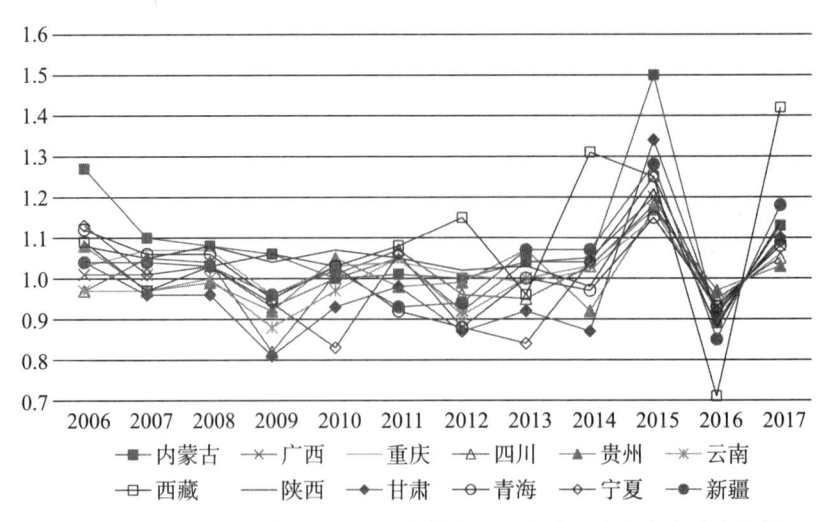

图 4-1 西部地区分省（自治区、直辖市）绿色全要素生产率动态变化

数据来源：根据表 3-11 中的数据绘制。

进一步对比分析 2006 年和 2017 年两个年份西部地区 12 个省（自治区、直辖市）的绿色全要素生产率指数的截面数据发现，其中半数省（自治区、直辖市）2017 年的绿色全要素生产率的增长速度相对 2006 年有所下降。

观察这 12 年里西部地区绿色全要素生产率指数的波动情况可以发现，2006—2015 年，西部地区的绿色全要素生产率增长速度相对较快，2015 年几乎各省（自治区、直辖市）都达到峰值。2015 年西部地区绿色全要素生产率的增幅达到 23%，且所有省份的绿色全要素生产率均呈增长趋势。在其余年份，至少有 2 个省（自治区、直辖市）的绿色全要素生产率指数小于 1，拉低了西部地区整体绿色全要素生产率的增长幅度。

二、绿色技术进步指数的时序特征

绿色技术进步指数（GTC 指数）衡量的是与绿色发展相关的地区技术进步、组织创新以及政策导向和市场环境等方面的变动。从表 3-12 中的数据来看，绿色技术进步指数的变化对西部地区绿色全要素生产率指数的变动产生了较大影响，说明西部地区绿色全要素生产率增长主要受到绿色技术进步的推动。2005—2017 年的 12 年间，西部地区的 12 个省（自治区、直辖市）中，除甘肃外的地区绿色技术进步指数都大于 1，且 2015 年和 2017 年12 个省（自治区、直辖市）的绿色技术进步指数均大于 1，体现了西部地区绿色技术水平的进步、市场环境的改善和多年来国家对西部地区绿色发展的政策扶持力度持续加强。但是，2009 年和 2016 年西部地区大部分省份的绿色技术进步指数出现下降，直接导致了绿色全要素生产率的降低。从表 3-12 和图 4-2 中的数据来看，宁夏、内蒙古和西藏的绿色技术进步指数均值在西部地区排名前 3 位，但增长幅度总体较小。2005—2017 年，甘肃、贵州和云南一半以上年份的绿色技术进步指数小于 1，说明这 3 个省长期处于绿色技术水平下降的状态。总体来看，虽然有政策的较大支持，但由于地处内陆和部分省（自治区、直辖市）的地形条件复杂等原因，西部地区 12 个省（自治区、直辖市）的绿色技术进步情况和组织创新能力还处于相对较低的水平，在绿色发展的基础设施、市场环境等方面还有较大的改善空间。

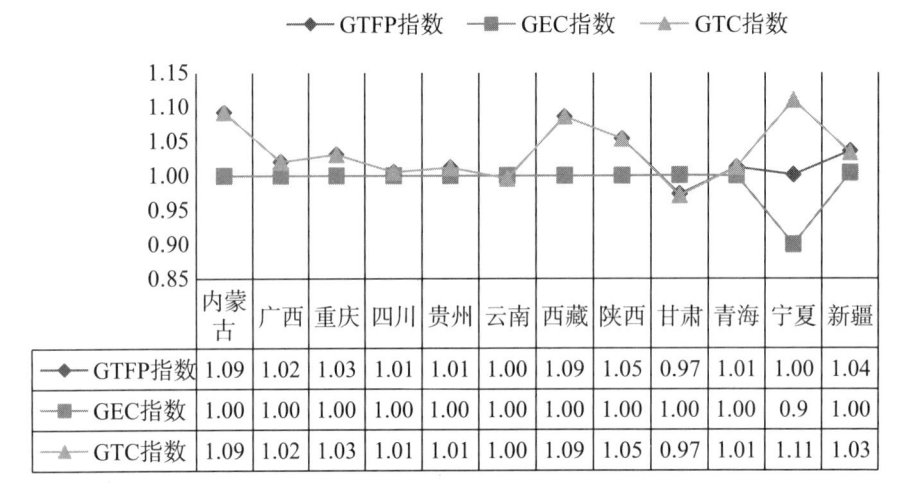

	内蒙古	广西	重庆	四川	贵州	云南	西藏	陕西	甘肃	青海	宁夏	新疆
GTFP指数	1.09	1.02	1.03	1.01	1.01	1.00	1.09	1.05	0.97	1.01	1.00	1.04
GEC指数	1.00	1.00	1.00	1.00	1.00	1.00	1.00	1.00	1.00	1.00	0.9	1.00
GTC指数	1.09	1.02	1.03	1.01	1.01	1.00	1.09	1.05	0.97	1.01	1.11	1.03

图 4-2 西部地区分省（自治区、直辖市）绿色全要素生产率
及其分解指数 2006—2017 年均值比较

数据来源：根据表 3-11、表 3-12、表 3-13 中的数据绘制。

三、绿色效率改善指数的时序特征

绿色效率改善指数（GEC 指数）主要体现为对现有技术利用情况和实际投入量的变化。对表 3-13 和图 4-2 中的数据进行分析发现，2005—2017 年 12 年间，整体来看，西部地区 12 个省（自治区、直辖市）的绿色效率改善指数大部分时期为 1，对西部地区绿色全要素生产率增长的影响不大，仅在部分年份对甘肃、宁夏和新疆造成了一定影响。进一步观察可以发现，从 2011 年开始，甘肃的绿色效率改善指数开始出现波动，2017 年出现较大幅度的增长，因此总体来看，近年来甘肃的技术利用水平和资源配置水平得到提升。新疆的绿色效率改善指数在 2016 年和 2017 年产生了波动，出现了大幅的下降和大幅的上升。宁夏的绿色效率改善指数在 2010—2014 年表现出明显的下降，极大地拉低了在此期间宁夏的绿色全要素生产率。虽然技术利用效率难以衡量，但从实际要素投入量来看，2005—2017 年，资本、劳动和能源等要素的投入都在不断加大，技术效率却没有得到显著改善，由此看来投入量的增长在一定程度上弥补了技术利用效率的相对落后。据此可以反推出西部地区的绿色发展模式还处于较为粗放的状态，对已有生产技术的利用水平还相对较低，生产管理效率还有待提升。

为便于进一步分析我国西部地区12个省（自治区、直辖市）近年来绿色全要素生产率增长的时序特征，现结合第三章第一节影响因素筛选的相关内容，以及第三章第四节对经济发展、产业结构、人力资本、资本深化、环境规制、政府规制、技术创新和外资利用等影响因素的分析，按照绿色全要素生产率的增长特征、绿色技术进步和绿色效率改善发展情况以及影响因素作用效果等，将我国西部地区的12个省（自治区、直辖市）分为4种发展类型。第一类，在2005—2017年绿色全要素生产率有所提升且大部分时间处于增长阶段，包括内蒙古、陕西、西藏、广西、重庆、新疆6个省（自治区、直辖市）。第二类，绿色全要素生产率总体实现较小增长，但有将近一半时间处于下降阶段，包括四川、青海、云南、贵州4个省（自治区、直辖市）。第三类，绿色全要素生产率总体增长，但绿色效率改善水平降低，仅有宁夏回族自治区。第四类，绿色全要素生产率总体呈现下降趋势，且绿色技术水平长期下降，仅有甘肃一省。

在第一种发展类型中，又可分为经济增长拉动型和结构适配提升型。经济增长拉动型主要包括内蒙古、重庆、陕西3个省（自治区、直辖市）。根据第三章第四节的分析，经济发展水平能显著促进地区绿色全要素生产率的提高。内蒙古、重庆、陕西的人均GDP均处于西部地区前3位，且重庆和内蒙古的人均GDP年均增长速度处于前2位，人民生活水平相对较高。在经济发展较好的基础上，才能更好地促进产业结构优化调整、人力资本提升，进而实现绿色技术创新与绿色效率改善的同步发展。同时，内蒙古、重庆、陕西这3个省（自治区、直辖市）存在一些共性问题，比如人力资本缺乏，资本深化水平相对较低，政府规制相对落后，亟须引进人才，使用先进生产设备，提升政府公共服务质量和环境治理水平。新疆、西藏和广西这3个自治区则为结构适配提升型。在西部地区的12个省（自治区、直辖市）中，新疆、西藏和广西的经济发展水平相对较低，产业基础相对薄弱，技术创新水平也相对较低。但是，正因如此，新疆、西藏和广西的经济社会发展对地方生态环境的破坏程度也相对较轻，当前的人力资本结构、技术效率等与技术水平、产业结构都比较匹配，一定程度上有利于绿色全要素生产率的提升。

在第二种发展类型中，四川的经济社会发展相对成熟，技术创新水平相对较高，人才集聚情况相对较好，经济高质量发展的条件已经基本具备。但是，四川的绿色全要素生产率水平并未得到快速提高，究其原因可能在于四川的经济结构还有较大优化空间，虽然有了先进技术和人才，但在生产过程中的转化率还不够高，对现有技术的利用效率较低，很多企业还采取较为传统的生产模式，生产生活亟待全面绿色转型。此外，四川的政府规制和环境规制水平还相对较低，全社会对生态环境污染治理的重视程度仍不够。贵州、云南和青海的经济发展基础在西部地区相对较差，但已呈现一定的上升势头，贵州的经济增长速度、环境规制水平，以及青海的资本深化和技术创新水平都处于上升阶段，云南的产业结构较为合理，但整体发展效果还未显现，绿色全要素生产率提升有限。

在第三种发展类型中，宁夏属于技术效率拉低型。宁夏的经济发展水平在西部地区并不突出，但第二产业产值的占比相对较大，生产过程中重点资本深化水平比较高，而人力资本相对落后，生产结构不匹配，没有足够的技术人才，导致现有的生产技术利用效率不高，造成了生产效率下降，从而拉低了宁夏的绿色全要素生产率。

在第四种发展类型中，甘肃是典型的技术进步拉低型。相对来说，甘肃的经济发展水平和经济增长速度都比较低，总体发展在西部地区处于中后水平。长期以来，政府在发展过程中担任主要角色，财政支出占比较大，政府规制导致的社会生产效率降低的问题比较明显。在过去的发展过程中，甘肃的人才和社会资本都比较缺乏，产业结构没有明显优势，技术水平较低，尚未形成能极大带动地区经济发展的主导产业部门及相关产业集群，极大地阻碍了地区绿色全要素生产率提升。

第二节 空间特征分析

一、全局空间影响

这里采用全局莫兰指数（Moran's I）对我国西部地区12个省（自治区、直辖市）的绿色全要素生产率进行全局空间自相关分析，以探究近年来西部地区12个省（自治区、直辖市）的绿色全要素生产率的整体分布特征。[1] 莫兰指数的取值范围是 $[-1,1]$，在给定的显著性水平下，指数值的正负分别表示空间相关性的正负。莫兰指数为0时，表示西部地区绿色全要素生产率增长趋于随机分布状态。其计算公式如下：

$$\text{Moran's } I = \frac{\sum_{i=1}^{n}\sum_{j=1}^{n} w_{ij}(x_i - \bar{x})(x_j - \bar{x})}{S^2 \sum_{i=1}^{n}\sum_{j=1}^{n} w_{ij}}$$

其中，
$$\bar{x} = \frac{1}{n}\sum_{i=1}^{n} x_i, S^2 = \frac{1}{n}\sum_{i=1}^{n}(x_i - \bar{x})^2 \quad (4-1)$$

在式（4-1）中，n 代表研究对象空间单元数，w_{ij} 为空间矩阵权重，x_i、x_j 分别表示研究单元上的观测值，$\bar{x}$ 为考察变量的平均值，S^2 为考察变量的方差。

这里进一步对莫兰指数进行标准化，转换为 Z，具体公式如下：

$$Z(I) = \frac{I - E(I)}{\sqrt{VAR(I)}} \quad (4-2)$$

---

[1] 韩增林，李彬，张坤领．中国城乡基本公共服务均等化及其空间格局分析[J]．地理研究，2015，34（11）：2035-2048．

在5%的显著性水平下,当$Z(I)>1.96$时,表明研究区域的绿色全要素生产率存在显著的正空间自相关;当$Z(I)<-1.96$时,表明研究区域的绿色全要素生产率存在显著的负空间自相关;当$Z(I)$在1.96和-1.96之间时,表明研究区域的绿色全要素生产率不存在显著的空间相关性。

这里选择地理距离设定空间权重矩阵,使用GeoDa软件算出2006—2017年西部地区绿色全要素生产率的全局莫兰指数,表示西部地区绿色全要素生产率发展的空间协调特征(表4-1)。对表4-1中的数据进行分析发现,2006—2017年,西部地区绿色全要素生产率的莫兰指数在2006、2011、2016和2017年通过5%水平的显著性检验,在2009和2014年通过10%水平的显著性检验。总体来看,西部地区的绿色全要素生产率具有较为显著的阶段性空间自相关特征。2006年,西部地区绿色全要素生产率的莫兰指数为0.25,西部地区12省(自治区、直辖市)的绿色全要素生产率在总体空间分布上存在空间正相关现象,具有低强度的空间聚集性,绿色全要素生产率增长有一定的空间依赖性。2007—2013年,西部地区绿色全要素生产率的莫兰指数均为负值,在2011年表现为显著的中等强度空间负相关,表明西部地区12个省(自治区、直辖市)之间绿色全要素生产率的增长有负向影响作用,西部地区各个省(自治区、直辖市)的绿色发展会在一定程度上形成竞争,且竞争大于合作,从而抑制西部地区整体空间的绿色发展。2014—2017年,西部地区12省(自治区、直辖市)的绿色全要素生产率的莫兰指数均大于0,呈现出较为稳定的显著空间正相关现象,说明西部地区绿色全要素生产率增长表现出一定的空间依赖性,绿色全要素生产率水平相似的省(自治区、直辖市)在空间分布上存在较为显著的高值、低值集聚现象。[1]

表4-1 绿色全要素生产率的莫兰指数

年份	莫兰指数	Z值	p值
2006	0.2530	2.1358	0.0230
2007	-0.3104	-1.2063	0.1090
2008	-0.1844	-0.4507	0.3390

---

[1] 卢阳春,刘敏. 新时期四省藏区基本公共服务均等化时空分异[J]. 开发研究,2020(4):36-43.

续表4-1

年份	莫兰指数	Z 值	p 值
2009	-0.1372	-1.5620	0.0700
2010	-0.0881	-0.0212	0.4710
2011	-0.5074	-2.2650	0.0030
2012	-0.2154	-0.7569	0.2210
2013	-0.0994	0.0845	0.4800
2014	0.1100	1.6041	0.0600
2015	0.0521	1.0133	0.1520
2016	0.3502	3.4688	0.0070
2017	0.2948	3.3583	0.0100

数据来源：根据表3-11中的数据计算。

进一步分析表4-1中的数据可以发现，西部地区绿色全要素生产率全局空间关联的阶段性变化可能由两方面原因导致。一方面，地理位置邻近的省（自治区、直辖市）之间可能在自然资源条件和社会经济条件上较为相似，因而生产要素投入也表现出相似特征，产生技术的空间溢出效应，促使绿色全要素生产率增长存在空间相关性。[1] 同时，在较长时间跨度上，由于西部地区12个省（自治区、直辖市）的文化和经济不断产生联系，不同产业和不同发展阶段的技术随着信息技术、投资和劳动力的流动在地区之间扩散，且西部地区12个省（自治区、直辖市）的产业政策等具有一定的相似性，因此导致地区之间技术扩散效应显现，进而导致绿色产业发展阶段和发展模式出现一定的相似性，使得绿色全要素生产率增长具有正向空间相关性。

另一方面，经济发展水平的提高，必然伴随着产业的转移和升级，因此随着西部地区12个省（自治区、直辖市）的资源密集、劳动力密集或污染较大的工业企业由经济发达地区向经济较不发达但具有资源和劳动力优势的地区迁移，在迁入地经济发展的同时，环境污染产生的负外部性也被纳入绿

---

[1] 郝淑双, 朱喜安. 中国区域绿色发展水平影响因素的空间计量[J]. 经济经纬, 2019, 36(1): 10-17.

色全要素生产率核算体系，于是在经济高速发展阶段，反而出现绿色全要素生产率全局莫兰指数的空间负相关现象。例如，四川、重庆等的周边地区在早期往往成为较发达地区劳动密集型企业和高能耗、高污染企业的主要承接地，而这些欠发达地区缺乏资金更新改造高能耗、高污染的生产设备，并且治理污染的技术水平较低[1]，因此样本期内绿色全要素生产率增长在全域上存在空间负相关的过渡状态。但随着绿色发展要求的不断加强，各地都在不同程度地加强对生态环境的保护和对环境污染的治理，在产业转移过程中也更加注重减少环境破坏，推动地区经济绿色转型升级，建设绿色技术创新体系，重点领域节能减排，推进资源循环利用等政策措施的实施，使绿色生产水平不断提高，生产经营活动导致的环境污染逐渐内部化，绿色全要素生产率增长又逐渐呈现出空间依赖性，区域间的空间溢出效应不断加深。[2]

二、局部空间影响

这里选用由局部莫兰指数构成的莫兰散点图和LISA集聚图进一步分析西部地区绿色全要素生产率与其相邻区域观测值之间的关联程度。局部莫兰指数 $I_i>0$，表示地区 i 与其相邻地区呈高高或低低集聚状态；局部莫兰指数 $I_i<0$，表示地区 i 与其相邻地区呈高低或低高集聚状态。具体公式如下：

$$I_i = \frac{x_i - \bar{x}}{S^2} \sum_{j \neq i} w_{ij}(x_i - \bar{x}) \qquad (4-3)$$

使用Geoda软件和ArcGis软件绘制得到2006—2017年西部地区绿色全要素生产率的LISA集聚图，并整理出局部空间关联模式表（表4-2），进而探究西部地区12个省（自治区、直辖市）绿色全要素生产率的局部空间协调演变特征和优化空间路径。

从2016—2017年西部地区12个省（自治区、直辖市）绿色全要素生产率的局部空间关联模式来看，西部地区12个省（自治区、直辖市）绿色全

---

[1] 李佐军. "十三五"我国绿色发展的途径与制度保障[J]. 环境保护，2016，44（11）：20-23.

[2] 孙金岭，朱沛宇. 基于SBM-Malmquist-Tobit的"一带一路"重点省份绿色经济效率评价及影响因素分析[J]. 科技管理研究，2019，39（12）：230-237.

要素生产率的局部空间集聚状态在第一、第二和第四象限中离散分布，逐渐聚集到第一象限和第三象限，表明逐渐形成较为稳定的高值与高值集聚、低值与低值集聚的状态，邻近省（自治区、直辖市）之间的空间差异小，呈正相关[①]。值得注意的是，在2010—2014年，西部地区12个省（自治区、直辖市）中有大部分省（自治区、直辖市）分布在第二象限和第四象限，相邻省（自治区、直辖市）之间绿色全要素生产率的差异较大，局部空间关系呈负相关状态。

表4-2 绿色全要素生产率的局部空间关联模式

年份	第一象限（HH）	第二象限（LH）	第三象限（LL）	第四象限（HL）
2006	西藏、陕西、宁夏、内蒙古	广西、甘肃、新疆	四川、重庆、云南	贵州、青海
2007	陕西、内蒙古	西藏、云南、贵州、广西、宁夏、甘肃、新疆	—	四川、重庆、青海
2008	内蒙古	西藏、云南、贵州、宁夏、甘肃	广西	四川、重庆、青海、陕西、新疆
2009	西藏、内蒙古、新疆	宁夏	四川、云南、贵州、广西、甘肃	重庆、青海、陕西
2010	西藏、贵州、广西、新疆	云南、宁夏、甘肃	—	四川、重庆、青海、陕西、内蒙古
2011	重庆、云南、广西	贵州、青海、甘肃、内蒙古、新疆	—	西藏、四川、陕西、宁夏
2012	贵州、陕西	云南、广西、青海、甘肃、新疆	四川、宁夏	西藏、重庆、内蒙古
2013	云南、贵州	西藏、宁夏	四川、甘肃	重庆、广西、青海、陕西、内蒙古、新疆
2014	新疆	青海	重庆、贵州、陕西、甘肃	西藏、四川、云南、广西、宁夏、内蒙古

---

① 胡蓓蓓，董现垒，许英明. 中国绿色贸易发展区域差异及空间不平衡性研究［J］. 东岳论丛，2019，40（2）：85-93，192.

续表4-2

年份	第一象限（HH）	第二象限（LH）	第三象限（LL）	第四象限（HL）
2015	宁夏、新疆	青海、陕西	四川、重庆、云南、贵州、广西	西藏、甘肃、内蒙古
2016	西藏、内蒙古、新疆、宁夏、甘肃	陕西	四川、重庆、云南、广西、贵州	青海
2017	西藏、新疆	青海	四川、重庆、云南、贵州、广西、宁夏、甘肃	陕西、内蒙古

数据来源：根据表3-11中的数据计算。

选取承载信息较多的2008年、2011年和2017年3个特征节点，将西部地区12个省（自治区、直辖市）绿色全要素生产率的局部空间集聚状态分为三个阶段。在2010年之前，在局部空间上出现了稳定的高低集聚现象。2007—2010年，重庆在较长时间内表现为稳定的高低集聚区，虽然重庆本身绿色全要素生产率较高，经济发展较好，但被绿色全要素生产率较低的区域包围。云南、广西和四川则短暂表现为低低集聚，宁夏在2007年和2008年均为低高集聚区。2011—2014年，西部地区12个省（自治区、直辖市）的绿色全要素生产率呈现较低的局部空间集聚状态，且集聚状态较为混乱，较多的省（自治区、直辖市）仅在某一年显著集聚，且集聚类型不稳定。2015—2017年，西部地区12个省（自治区、直辖市）的绿色全要素生产率则出现了较为集中的高高集聚和低低集聚。2015—2017年，绿色全要素生产率的高高集聚区主要在新疆和西藏两地。新疆和西藏这两个地区的地理位置偏远，自然生态环境脆弱，经济社会发展相对落后，因此生态环境保护情况较好。由于具有重要的生态功能，长期以来国家对新疆和西藏两地的转移支付等政策倾斜力度较大，主要用于保障当地基本民生和保护当地生态环境。2015—2017年，绿色全要素生产率的低低集聚区主要在四川、云南和广西。四川、云南和广西这3个省（自治区）处于西部地区的南部，经济社会发展基础相对较好，发展水平相对较高，资源开发程度相对较高，已经形成较为稳定的发展模式，因此生产生活全面绿色转型面临的挑战较大。

第三节　空间协调分析

正如本章第一节和第二节分析所言，西部地区 12 个省（自治区、直辖市）的绿色全要素生产率的增长呈现出明显的空间自相关现象，且空间联系不断加深。西部地区 12 个省（自治区、直辖市）的绿色全要素生产率的提升具有空间依赖性和空间外溢效应，因此有必要进一步从地理空间角度分析绿色全要素生产率增长趋势的空间特征及相关影响因素。

由于存在显性或者隐性的各类区域行政壁垒，西部地区 12 个省（自治区、直辖市）的经济发展成果可能无法有效扩散到区域内所有省（自治区、直辖市），但某一省（自治区、直辖市）的经济水平提升在一定程度上有助于区域间各层级的要素流动和人员往来，通过规模效应、结构效应、技术效应不同程度地拉动整个地区资源消费扩大和环境质量提升，进而影响绿色全要素生产率水平。[①] 而随着地区间产业的转移和产业结构升级，西部地区 12 个省（自治区、直辖市）内部工业化发展进程不同的地区之间也可能会存在产业梯度转移现象。由于发展定位、资源禀赋或地区环境规制强度等的不同，产业梯度转移有利于推动产业转出地实现生产生活的全面绿色转型、绿色技术创新体系的健全完善和重点产业领域的节能减排，也有利于产业转入地实现科技创新技术进步、资源利用效率提高、绿色生产水平提升，最终实现生产经营活动导致的生态环境污染逐渐内部化，区域间的空间溢出效应不断加强。[②]

技术创新是西部地区 12 个省（自治区、直辖市）绿色全要素生产率增长的内在动力。绿色技术进步可以带动生产效率提升，而技术相较于其他要素更具有空间流动性，容易产生空间溢出效应，通过人员和信息交流，能够

[①] 祝丽云，李彤，马丽岩，等. 雾霾约束下我国城市绿色经济效率评价研究——以京津冀、长三角和珠三角城市圈为例 [J]. 科技管理研究，2018，38（22）：58-63.

[②] 华学成，王惠，仇桂且. 江苏绿色发展转型：基于绿色效率与环境全要素生产率研究 [J]. 现代经济探讨，2018（7）：18-25.

实现较低成本的技术扩散。西部地区 12 个省（自治区、直辖市）具有明显的主导产业差异，因此形成的技术优势较为多样，有效的技术交流能够促成较多领域的技术提升而不是导致过多的技术竞争。

此外，西部地区 12 个省（自治区、直辖市）有大面积的重要生态功能区和禁止开发区，在绿色全要素生产率提升方面具有独特性，因此环境规制和政府规制具有相当重要的地位。虽然各类环境政策工具和政府财政干预的作用效果具有不确定性，但通过特定试点地区一定时间的政策运行和市场检验，有很大可能得到一批促进绿色发展的优良示范区域，给其他相似环境基础和地位作用的地区提供有益示范。而在此过程中可能出现的各种问题及其解决经验，也可起到规避警示作用。

同时，统筹各个省（自治区、直辖市）与西部地区整体的发展需求，有助于降低西部地区 12 个省（自治区、直辖市）的区域市场交易费用，促进区域协作的加强，保障西部地区 12 个省（自治区、直辖市）的绿色全要素生产率增长的空间溢出效应发挥作用。例如，便捷的道路交通基础设施不仅能够促进本地区的经济社会发展，还通过对邻近地区的影响间接促进周边区域的经济增长和社会进步。因此，可通过加强城市间及省际道路交通基础设施的建设，提高人与人之间、企业之间、区域之间的交流合作便利度，促进物质、能源和信息资源要素等进行频繁的转化。[①] 同时，各省（自治区、直辖市）还可以通过充分发挥政策引导作用，优化政策环境，加大财政补贴力度，减少地方收费，降低信贷门槛，支持绿色技术创新人才在企业生产决策中充分发挥作用，完善高校科研成果向企业生产技术创新、生产设备提质转化的渠道，促进地方绿色全要素生产率提升及绿色低碳产业发展。

---

① 殷阿娜，邓思远. 京津冀绿色创新协同度评估及影响因素分析 [J]. 工业技术经济，2017，36 (5)：52-60.

第五章

西部地区绿色金融发展水平测度及区域比较

第一节 影响因素识别及作用机制分析

一、影响因素识别

本章对绿色金融发展的影响因素识别主要基于以下两个方面：

一方面，绿色金融并未脱离金融范畴，故在识别其影响因素时，可借鉴学术界对地方金融发展影响因素的研究成果和经验（表5-1）。通过总结归纳前人研究成果，本章在金融发展的影响因素中选择人力资本质量、科技创新能力、工业化水平三项，同时基于市场化角度纳入绿色金融的经济效率作为影响因素。

另一方面，绿色金融作为"绿色"理念下的金融新业态，其发展也会受到政策制度、配套设施、生态环境、金融基础等因素的影响。近年来，我国绿色金融虽然发展迅速，但相较于西方发达国家而言，总体来看尚处于起步阶段。首先，相较于西方发达国家侧重以市场化机制推动绿色金融发展的模式，发展中国家更多地依靠政府管理和金融监管来引导金融机构越来越多地支持可持续发展[1]，相关政策实施对我国绿色金融的发展影响较强。其次，绿色金融基础设施对绿色金融发展有重要影响，相关基础设施的完善有助于绿色金融资金流动畅通。2016年，由中国人民银行、财政部、国家发展和改革委员会、环境保护部、中国银行业监督管理委员会、中国证券监督管理委员会、中国保险监督管理委员会联合印发的《关于构建绿色金融体系的指

---

[1] 周月秋. 改善金融基础设施，提升绿色金融发展质量 [J]. 清华金融评论，2017 (10)：45-46.

导意见（银发〔2016〕228号，以下简称《指导意见》）[1]，国务院办公厅印发的《关于健全生态保护补偿机制的意见》（国办发〔2016〕31号）[2]，以及2021年中共中央办公厅、国务院办公厅印发的《关于深化生态保护补偿制度改革的意见》（中办发〔2021〕50号）[3] 等一系列指导绿色金融发展的政策文件，均提到绿色金融基础设施建设的重要性。事实上，统一绿色项目界定标准、开发绿色评级产品、完善信息披露准则等金融基础设施，有助于改善我国金融生态的总体环境，促进绿色金融发展。[4] 绿色金融论坛的开展则有助于推动区域性绿色金融交流，促进绿色金融项目合作。

结合前人研究经验及我国绿色金融发展实际情况，本书选取的绿色金融影响因素主要包括人力资本质量、科技创新能力、工业化水平、经济效率、政策激励、绿色金融基础设施、环境污染、金融基础。

表5-1 金融发展的主要影响因素

学者	影响因素
张志元等（2009）[5]	经济发展水平、工业化水平、对外开放水平、技术创新水平、人力资本水平、金融从业人口数量、固定资产投资水平
任英华等（2010）[6]、刘同山（2011）[7]	经济发展水平、科技创新能力、人力资本水平、对外开放度
于雁洁等（2012）[8]	经济基础、对外开放、人力资本、金融创新、投资因素

---

[1] 中国人民银行、财政部等七部委关于构建绿色金融体系的指导意见（银发〔2016〕228号）[EB/OL].（2016-08-31）[2023-07-30]. https://www.mee.gov.cn/gkml/hbb/gwy/201611/t20161124_368163.htm.

[2] 国务院办公厅关于健全生态保护补偿机制的意见（国办发〔2016〕31号）[EB/OL].（2016-05-13）[2023-07-30]. https://www.gov.cn/zhengce/content/2016-05/13/content_5073049.htm.

[3] 中共中央办公厅、国务院办公厅印发《关于深化生态保护补偿制度改革的意见》（中办发〔2021〕50号）[EB/OL].（2021-09-12）[2023-07-30]. https://www.gov.cn/zhengce/2021-09/12/content_5636905.htm.

[4] 李晓西，夏光. 加强对绿色金融的研究[C]//卫兴华，洪银兴，刘伟，等. 社会主义经济理论研究集萃（2014）：新常态下的中国经济. 北京：经济科学出版社，2014：53-58.

[5] 张志元，季伟杰. 中国省域金融产业集聚影响因素的空间计量分析[J]. 广东金融学院学报，2009，24(1)：107-117.

[6] 任英华，徐玲，游万海. 金融集聚影响因素空间计量模型及其应用[J]. 数量经济技术经济研究，2010，27(5)：104-115.

[7] 刘同山. 区域金融发展影响因素的空间面板计量分析[J]. 金融与经济，2011(7)：33-35.

[8] 于雁洁，胡梦荔. 我国金融产业集聚效应影响因素分析[J]. 统计与决策，2012(17)：133-136.

续表 5-1

张国俊等（2014）[1]	城市化水平、地区收入水平、人口密度、政府行为、教育发展水平
邓薇（2015）[2]	区域经济基础、进出口水平、人力资本水平、政府支持
安康（2016）[3]	区域创新、人力资本、固定投资水平、对外开放、城市化程度
梁婧姝等（2019）[4]	产业结构、市场化程度、对外开放程度

资料来源：中国知网。

二、作用机制分析

（一）人力资本质量

舒尔茨（Schultz，1961）创立的人力资本理论将教育视作人力资本投资的主要形式。[5] 基于中国家庭金融调查数据的研究发现，受教育年限的提高可以显著提升居民的金融知识水平。[6] 而家庭金融需求则受家庭成员对金融信息的关注度及金融知识的获取量的影响。[7] 金融意识的提升有助于投资者选择正规渠道，更为理性地进行投资理财活动，为金融发展提供社会资本。

---

[1] 张国俊，周春山，许学强. 中国金融排斥的省际差异及影响因素 [J]. 地理研究，2014，33（12）：2299-2311.

[2] 邓薇. 我国金融业空间布局及影响因素分析 [J]. 统计与决策，2015（21）：138-142.

[3] 安康. 区域金融发展水平的时空特征及影响因素——以广东省为例 [J]. 武汉金融，2016（4）：26-30.

[4] 梁婧姝，张燕生. 中国区域金融发展的影响因素研究 [J]. 宏观经济研究，2019（7）：14-24，70.

[5] SCHULTZ T W. Investment in human capital [J]. American Economic Review，1961，51(1)：1-17.

[6] 宋敏，甘煦，周洋. 教育与居民金融知识水平——来自中国家庭金融调查数据的证据 [J]. 北京工商大学学报（社会科学版），2021，36（2）：80-91.

[7] 张号栋，尹志超. 金融知识和中国家庭的金融排斥——基于CHFS数据的实证研究 [J]. 金融研究，2016（7）：80-95.

受教育程度同样影响公众环保意识的培养。受过高等教育的群众对生态问题的关注度相对更高,参与生态保护的意识更强,且能够更理性地认识人与自然的关系。[①] 一方面,环保意识的提升有助于群众增加绿色消费,选择绿色产品,从需求侧倒逼传统企业绿色转型,也为绿色新兴产业发展提供拉力,进而增大企业对绿色金融服务的需求。另一方面,对人与自然关系的理性认识,使得群众在投资行为中不再单纯考虑投资项目的经济收益率,也将投资项目的生态环保标准作为重要的投资决策考虑因素,从而倾向于增加投向绿色产业的理财产品购买量。

当前,我国绿色金融作为金融行业的创新与深化领域,存在专业人才缺口较大的问题。对于金融行业而言,要研发、生产、制造绿色金融产品,从业人员必须具备环境保护、节能减排、可持续发展等绿色低碳产业相关知识和能力。[②] 群众生态环保素养的提升有利于促进绿色金融人才的培养工作,加快绿色金融专业人才队伍的建设,从而促进绿色金融的发展。

(二)科技创新能力

绿色技术创新是绿色低碳产业发展的重要动力,也是提高绿色低碳产业核心竞争力的关键。由于绿色技术研发投入高、投资回报周期长,追求高回报、高周转速度的传统金融产品无法支持绿色技术落地转化,而绿色金融能有效满足企业绿色创新行为的融资需求。企业将绿色创新技术及资金用于节能减排、污染治理等领域的生产活动,有助于实现地区绿色全要素生产率的增长。环境库兹涅茨曲线表明,地区经济发展到一定程度,人类对高质量环境的需求增加,绿色经济成为经济发展的主要动力。[③] 实现绿色技术创新的企业,可以借助国家和地方生态环境保护政策的支持,在获取额外利润的同时,在未来市场竞争中占据"绿色"制高点。[④] 绿色低碳产业领域的生产活

[①] 郭志全.生态文明建设中公民生态意识培育多元路径探究[J].环境保护,2018,46(10):49-51.

[②] 刘佳鑫,刘兵.绿色人力资本、社会责任与竞争力的关系——基于我国商业银行的实证研究[J].浙江金融,2012(11):7-9.

[③] 王遥,潘冬阳,张笑.绿色金融对中国经济发展的贡献研究[J].经济社会体制比较,2016(6):33-42.

[④] 王海龙,连晓宇,林德明.绿色技术创新效率对区域绿色增长绩效的影响实证分析[J].科学学与科学技术管理,2016,37(6):80-87.

动，其生态价值与环境价值的实现，会进一步促进绿色低碳产业的发展，从而增加对绿色金融产品的需求。反之，绿色技术创新的滞后也将阻碍绿色金融发展。当金融机构无法找到合适的绿色金融投资项目时，绿色金融产品发行量将被迫缩减。同时，绿色金融投资项目服务对象的匮乏，也会对绿色金融产品创新行为形成阻碍。① 地区绿色金融市场如果不够活跃，将会抑制投资者对绿色低碳产业领域的资金投入，最终导致绿色金融发展受阻。

（三）工业化水平

处于一定工业化发展阶段的经济体，其要素禀赋结构决定了该经济体的产业结构和风险特性，从而形成对金融服务的特定需求。② 绿色金融同样需要服务于实体经济，需要与一定发展阶段的工业化水平相适应。从我国工业化发展的历程来看，传统工业目前仍然是拉动经济发展的主要力量，高能耗、高污染产业的产值在第二产业产值中的占比仍然较高。《中华人民共和国国民经济和社会发展第十四个五年规划和2035年远景目标纲要》明确要求，工业向科技含量高、经济效益好、资源消耗低、环境污染少方向发展。工业的全面绿色转型是质的升级，即便是同样的工业化水平，微观上的工业结构不同决定了其产生的经济效益与环境效益截然不同。从我国节能环保项目及服务的绿色信贷年末余额来看，超过80%的资金投向绿色交通运输项目、可再生及清洁能源项目、工业节能节水项目。③ 可以判断当前绿色金融投资主要流向第二产业。因此，工业化水平相对较高的地区，一方面具有绿色转型的融资需求，另一方面具有发展绿色交通、绿色建筑等新型产业的良好基础，对绿色金融服务的潜在需求相对更强。

（四）经济效率

经济效率主要体现为投入单位生产要素所获得的产出量。王振山

---

① 王韧. 绿色金融、技术创新与绿色政策——基于耦合模型与灰色关联模型的实证分析 [J]. 金融理论探索, 2019 (6): 60-70.
② 林毅夫, 孙希芳, 姜烨. 经济发展中的最优金融结构理论初探 [J]. 经济研究, 2009, 44 (8): 4-17.
③ 杜莉, 郑立纯. 我国绿色金融政策体系的效应评价——基于试点运行数据的分析 [J]. 清华大学学报（哲学社会科学版）, 2019, 34 (1): 173-182, 199.

(2000)指出，金融运行效率要求经济有效率。[①] 当企业生产低效，其产品的价值兑现不足以抵消生产要素成本时，便可能发生融资债务风险，影响金融机构资金回流，影响金融发展。20世纪90年代，我国大量国有企业经营不善导致亏损，累及银行业呆账坏账率增高，金融体系的系统性风险增高，阻碍了我国金融业务的高质量稳健发展。绿色金融业务的开展，虽然有助于减少我国经济活动的负外部性，约束企业的生态环境破坏行为，具有一定的准公共产品属性，但存在投资回报周期长，投资收益不高等问题，有违金融本身的逐利性。尽管国家对绿色金融产品、银行的绿色金融服务行为等进行一定补贴，但绿色金融的长期发展显然不能单纯依靠国家政策的激励，最终还是要依靠市场化机制，吸引社会资金自发流入绿色低碳产业领域。因此，促进地方产业高质量发展，提高地方经济发展效率，对于地方绿色金融长期发展至关重要。只有经济效率与环境效率相统一，绿色金融才能在致力于改善生态环境的同时，推动经济的高质量发展。因此，在关注绿色金融的准公共产品属性的同时，不可忽视的是其作为金融资源在市场化机制下追求投资回报的资本属性。地方产业项目的高质量发展，地方经济效率的提升，有助于市场化机制充分发挥功效，促进绿色金融领域社会资本的供给。

（五）政策激励

相较于西方发达国家，我国绿色金融发展基础薄弱，绿色金融市场发育时间较短，市场主体的生态环保意识相对落后。[②] 当前我国绿色金融的发展主要由政府推动，政府投资和补贴行为引导社会资金流向绿色金融市场，但是绿色金融市场尚缺乏市场主体。通过国家对绿色金融发展的顶层设计，地方行政机关结合区域实情对绿色金融政策进行推行，可以在一定程度上缓解绿色金融发展面临的市场失灵问题。[③] 政策激励一方面可以鼓励绿色金融服务供给，如通过财政补贴支持金融机构创新绿色金融服务，增加绿色金融产品发行量。另一方面，通过完善绿色金融市场体系，可以畅通绿色金融流通

[①] 王振山. 银行规模与中国商业银行的运行效率研究[J]. 财贸经济，2000(5)：19-22.
[②] 沈月琴，曾程，王成军，等. 碳汇补贴和碳税政策对林业经济的影响研究——基于CGE的分析[J]. 自然资源学报，2015，30(4)：560-568.
[③] LI H, ZHOU L A. Political turnover and economic performance: The incentive role of personnel control in China [J]. Journal of Public Economics，2005，89(9-10)：1743-1762.

渠道，促进绿色金融市场基础设施建设。此外，绿色金融激励政策还可以对绿色金融服务的需求端，即绿色低碳产业形成激励作用，以加大市场对绿色金融服务的需求，如通过贷款贴息或优惠政策等鼓励绿色低碳产业发展，促进传统产业绿色转型升级等。

（六）绿色金融基础设施

绿色金融基础设施建设可以优化绿色投融资环境。绿色金融基础设施主要包括环境信用信息共享平台、企业信用评级机构、会议论坛交流平台等。在生态环境问题凸显的背景下，企业环境信息披露愈发受到投资者和消费者的关注。环境信息披露借助市场手段，推动企业切实承担生态环境保护的主体责任，将生态环境保护行为与市场信用有机融合。[1] 自2003年起，我国政府出台了一系列法律法规和政策措施，以鼓励和督促企业加强环境信息披露。国家或企事业单位建设有公信力的环境信用信息共享平台，整合企业披露的环境信息，有助于实现信息资源的简洁化、共享化，进而实现信息资源配置的最优化，实现信息资源应用领域的拓宽。国家或企事业单位出台统一的环境信息披露内容标准，可以保证信息的一致性，提高信息接收者的数据使用效率及准确度。例如，评级机构作为资本市场中的独立"第三方"，通过解读、挖掘财务和非财务信息，依据企业环境信息透明度，对债务发行人的信用风险进行评价[2]，减少企业生产活动环境绩效上的信息不对称，可以帮助金融机构降低绿色金融债务的失约风险。绿色金融会议论坛交流平台有助于整合能源、经济、金融、社会等各领域的技术创新，加速开展产学研合作；有助于增强信息透明度，营造良好的绿色金融市场环境，吸引金融企业入驻；有利于区域间绿色金融项目合作。综上所述，绿色金融基础设施的建设，有助于畅通绿色金融流通渠道，从而促进绿色金融发展。

---

[1] 张志奇，李英锐. 企业环境信用评价的进展、问题与对策建议 [J]. 环境保护，2015，43 (20)：51-54.

[2] 常莹莹，曾泉. 环境信息透明度与企业信用评级——基于债券评级市场的经验证据 [J]. 金融研究，2019 (5)：132-151.

(七) 环境污染

相较于国际上绿色金融对碳排放和气候变化的关注，我国绿色金融更加侧重环境污染治理和资源高效利用。[①] 随着社会各界对生态环境保护问题的关注度日益增强，生态环境容量趋紧的地方有创新生态环境治理方式的动力，以及产业绿色创新的潜力，绿色金融需求应运而生，成为绿色创新成果转化为经济收益的重要环节。绿色金融产品中的绿色信贷和绿色债券等规定了资金投向领域，包括可再生能源、设施减排改造、低碳运输、节能建筑等，能够直接改善地方生态环境质量。[②] 同时，绿色金融鼓励地方发展绿色环保生态产业，有助于优化区域产业结构，提升地区经济发展品质。[③] 产业结构相对落后，生态环境容量趋紧的地方，生态环境治理缺口大，绿色金融需求显现。但是，不可忽视的是"污染避难所"现象广泛存在[④]，欠发达地区因较强的经济发展意愿而倾向于忽视环境规制，普遍存在吸引高耗能、高污染企业以促进经济发展的冲动。与之相反的是，发达地区更倾向于通过严格的环境规制驱逐落后产能，不断为环境友好型、技术领先型的先进产业腾出空间。[⑤] 绿色金融的发展，对落后地区可能是一种负担，对发达地区则是新型环境治理方式和名片式宣传的工具。

(八) 金融基础

由于产业发展的路径依赖特征[⑥]，不同地方的既定金融产业格局必然影

[①] 巴曙松，杨春波，姚舜达. 中国绿色金融研究进展述评 [J]. 金融发展研究，2018 (6)：3−11.

[②] 马骏. 中国绿色金融发展与案例研究 [M]. 北京：中国金融出版社，2016.

[③] 马留赟，白钦先，李文. 中国金融发展如何影响绿色产业：促进还是抑制？——基于空间面板 Durbin 模型的分析 [J]. 金融理论与实践，2017 (5)：1−10.

[④] HE J. Pollution heaven hypothesis and environmental impacts of foreign direct investment: the case of industrial emission of sulfur dioxide (SO_2) in Chinese provinces [J]. Ecological Economics, 2006, 60 (1)：228−245.

[⑤] 邢有为，姜旭朝，黎晓峰. 环境治理投入对经济增长的异质性影响研究：基于城市化的视角. 自然资源学报，2018, 33 (4)：576−587.

[⑥] 尹庆梅，刘志高，刘卫东. 路径依赖理论及其地方经济发展隐喻 [J]. 地理研究，2012, 31 (5)：782−791.

响新兴金融业态。金融业发达地区的金融集聚度较高，存在显著的规模经济效应[①]，且金融发达地区投资者的生态环保责任意识更强，承担生态环境保护社会责任的能力也更强。从内部规模经济角度看，金融机构在规模扩张、发行丰富产品、分散成本上实现规模经济，使得专业化平台、金融资金等资源更易获取。在绿色金融发展初期，由于开发绿色金融产品的成本提升，且绿色低碳产业项目的环境正外部性难以直观体现在经济收益上，因此对绿色低碳产业的投资行为短期内往往出现经济收益下降的情况。金融产业相对发达的地方，有着较为坚实的金融基础，更能承受践行生态环保理念而带来的前期成本，能够为绿色金融产品和服务的创新创造更好的条件。从外部规模经济角度看，金融产业集聚发展的地方，行业内部得以协调配合，共享金融市场基础设施，有利于金融创新产品的推出，以及金融产业规模效应的充分发挥。绿色金融作为金融产业的前沿实践，行业内信息共享、人才交流、项目协作等活动的开展，能有效促进区域绿色金融的发展。同时，金融产业规模的扩大，也会带来竞争压力，激励金融机构在绿色发展背景下对绿色金融服务进行产品创新。[②]

综上所述，地方的人力资本质量、科技创新能力、工业化水平、经济效率、政策激励、绿色金融基础设施、环境污染、金融基础等重要因素，从多方面共同影响地方金融发展水平（图5-1）。其中，地方人力资本质量提高，绿色金融市场设施完善，主要通过畅通绿色金融流通渠道，促进地方绿色金融发展水平提升。地方科技创新能力增强，主要从鼓励绿色产业，抑制污染产业，增加地方绿色金融服务需求等方面促进地方绿色金融发展水平提升。地方绿色金融激励政策出台，金融基础夯实，经济效率提升，多从促进地方金融机构丰富和创新绿色金融服务方面增加绿色金融供给。地方环境污染的情况较为复杂，可以从影响政府行为，改变当地群众生态环境保护意识，增加绿色消费需求等方面影响地方绿色金融发展。

---

① 黄解宇. 金融集聚的内在动因分析 [J]. 工业技术经济，2011，30（3）：129-136.
② 易纲，赵先信. 中国的银行竞争：机构扩张、工具创新与产权改革 [J]. 经济研究，2001（8）：25-32.

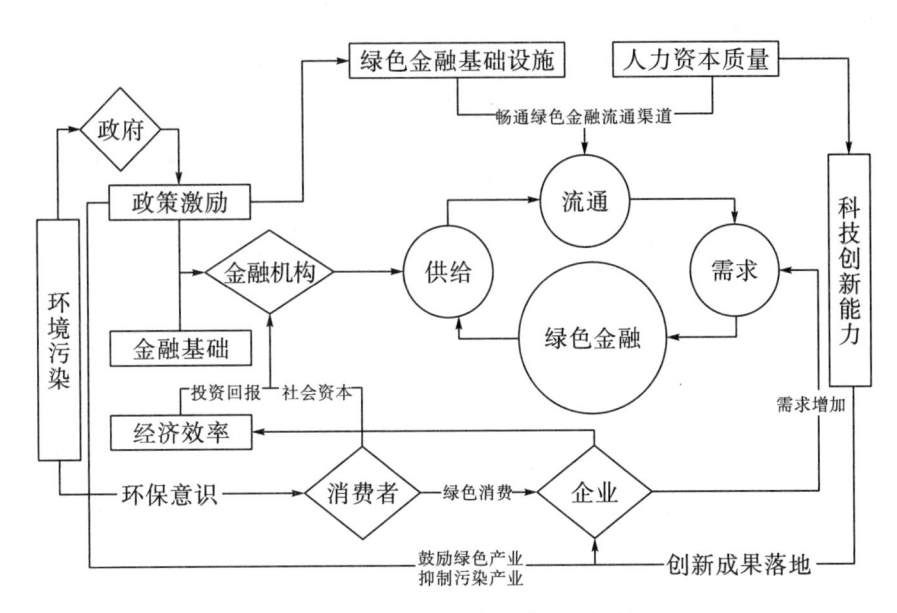

图 5-1　绿色金融发展的影响机制

第二节　区域绿色金融发展水平的测度

一、区域绿色金融发展指数的构建

（一）指标体系构建

在绿色金融相关领域的研究中，构建指标体系并进行赋权打分是常用的评估手段。但是目前国内外尚未形成具有权威性和一致性的绿色金融发展水平评价标准。学者们常紧跟国家政策趋势并结合个人研究方向，有侧重地进行指标选择。本书主要根据指标的全面性、定量性、替代性、数据可得性等原则，从政府、金融机构两大主体对绿色金融服务的供给方面选择指标，构建区域绿色金融发展指数的测度指标体系。

①指标覆盖的全面性：目前我国绿色金融实践主要是通过绿色金融工具实现的，具体包括绿色信贷、绿色债券、绿色股票、绿色基金、绿色保险、碳金融等。本书在选取指标时尽可能全面涵盖各类绿色金融工具，同时考虑到政府财政对绿色金融发展的重要引导和激励作用，将政府财政专项资金纳入其中。

②指标测度的定量性：定量化指标便于确定清晰的级别标度，提高评价的客观性。

③指标选择的替代性：目前我国的绿色金融信息披露相对滞后，存在统计口径不统一，标准模糊等问题。因此，在构建测度指标体系时，本书均选择公开、连续的数据。同时，对无法获取的指标数据，本书依据指标内涵及前人研究成果进行替代处理。

根据上述原则，本书所构建的区域绿色金融发展指数测度指标体系，主要包括6个一级指标、8个二级指标，均为定量测度指标，具体如表5-2所示。指标选取依据主要为：

①政府支出：政府财政激励是将经济活动与生态环境紧密联系的重要力量。本书选择各省（自治区、直辖市）政府节能环保项目财政支出作为二级指标。

②绿色债券：本书选择各省（自治区、直辖市）绿色债券发行数量及规模作为二级指标，反映各省（自治区、直辖市）绿色债券发展情况。

③绿色股票：本书选择各省（自治区、直辖市）绿色上市公司市值与总上市公司市值之比作为二级指标，以反映各省（自治区、直辖市）绿色股票发展情况。由于广义绿色产业涉及范围较广，且无明确的划分标准，故通过筛选wind数据库中节能环保相关概念板块的A股上市公司作为代表样本，共选取213家环保产业上市公司。

④绿色信贷：由于绿色基金数据较难获得且无合适的替代指标，加之绿色基金规模相较于绿色信贷、绿色债券体量较小，因此本书未将绿色基金纳入绿色金融发展指数测度指标体系，而是选取绿色信贷指标作为替代指标。衡量绿色信贷规模的直接指标是绿色信贷余额，但是绿色信贷余额仅在国家层面，以银行为主体进行披露，而缺少省（自治区、直辖市）层面的数据。因此，学者们在研究中，通常对绿色信贷余额进行了指标替代。例如，胡杨

林等（2021）借助区域企事业单位贷款余额估测各省（自治区、直辖市）绿色信贷大致规模[①]；谢婷婷等（2019）采用各地区六大高耗能工业产业利息支出占工业产业利息总支出的比例作为负向指标来衡量绿色信贷发展情况[②]。《关于构建绿色金融体系的指导意见》明确提出，要形成支持绿色信贷等绿色金融业务的激励机制，以及抑制高污染、高能耗和产能过剩行业贷款的约束机制。绿色信贷一方面要支持绿色产业发展，形成激励机制，另一方面要对高污染、高耗能和产能过剩行业贷款形成约束机制。结合国家政策导向及学者们的前期研究经验，本书选取各省（自治区、直辖市）节能环保项目贷款占项目贷款总额的比例作为正向指标，以六大高耗能工业产业利息支出占工业产业利息总支出的比例作为负向指标。鉴于无法直接获得各省（自治区、直辖市）节能环保项目相关数据，本书借鉴北京国研网信息股份有限公司《中国绿色金融发展指数报告（2020）》[③]中对绿色信贷指标的替代指标选取方式，通过计算各省（自治区、直辖市）节能环保上市公司贷款额相对省（自治区、直辖市）内上市公司总贷款额的比例，来获取替代指标。

⑤绿色保险：绿色保险通常指环境污染责任保险。一方面，由于目前我国的环境污染责任保险正处于起步阶段，国内权威统计资料尚无相关统计数据。另一方面，农业保险是目前与自然环境保护相关性最高的险种，而且农业保险也具有较高的公共产品属性。因此，本书借鉴李晓西等（2014）的研究成果[④]，用农业保险作为绿色保险的替代指标。

⑥碳金融：这里选取各省（自治区、直辖市）碳排放权交易金额作为碳金融发展水平的评价指标。

[①] 胡杨林，张波. 绿色金融发展的经济增长效应——基于珠三角城市群的实证分析 [J]. 深圳社会科学，2021，4（1）：63—71.

[②] 谢婷婷，刘锦华. 绿色信贷如何影响中国绿色经济增长？[J]. 中国人口·资源与环境，2019，29（9）：83—90.

[③] 北京国研网信息股份有限公司. 中国绿色金融发展指数报告（2020）[EB/OL]. (2020-11-11) [2023-07-31]. http://greene.drcnet.com.cn/Content/Images/indexreport2020.html.

[④] 李晓西，夏光，等. 中国绿色金融报告2014 [M]. 北京：中国金融出版社，2014.

表 5-2 绿色金融发展指数测度指标体系

一级指标	二级指标	指标替代	指标性质
政府支出	政府节能环保项目财政支出	未替代	+
绿色债券	绿色债券发行数量	未替代	+
	绿色债券发行规模	未替代	+
绿色股票	绿色上市公司市值占上市公司总市值比重	未替代	+
绿色信贷	六大高耗能工业产业利息支出占工业产业利息总支出比重	未替代	−
	节能环保项目贷款占项目贷款总额的比例	省（自治区、直辖市）节能环保上市公司贷款额占区域内上市公司总贷款额的比例	+
绿色保险	环境污染责任险	各省（自治区、直辖市）农业保险保费收入	+
碳金融	碳排放权交易金额	未替代	+

（二）指标权重确定

本节所用数据均公开可得，政府财政支出数据来源于 2016—2020 年的《中国统计年鉴》及各省（自治区、直辖市）统计年鉴，绿色债券、绿色股票、绿色信贷及碳金融相关数据来源于 wind 数据库，绿色保险数据来源于 2016—2020 年的《中国保险年鉴》（表 1-6～表 1-13）。

由于所收集指标的性质、量纲、数量级、方向等特征均存在一定的差异，因此为了统一标准，在分析数据前先进行无量纲化处理，消除不同指标之间因属性不同而带来的影响，使指标间具有可比性，以便于后续绿色金融发展水平评价指标权重的测算，以及地区绿色金融发展水平的评价。

这里采用极差法进行原始数据的无量纲化处理。

正向指标标准化：

$$Y_{ij} = \frac{x_{ij} - x_{\min}(j)}{x_{\max}(j) - x_{\min}(j)} \quad (5-1)$$

负向指标标准化：

$$Y_{ij} = \frac{x_{\max}(j) - x_{ij}}{x_{\max}(j) - x_{\min}(j)} \quad (5-2)$$

其中，i 表示省（自治区、直辖市）空间单元，j 表示绿色金融发展水平的评价指标，x_{ij} 表示 i 省 j 指标的原始值，$x_{\max}(j)$ 表示所有省（自治区、直辖市）空间单元 j 指标的最大值，$x_{\min}(j)$ 表示所有省（自治区、直辖市）空间单元 j 指标的最小值，Y_{ij} 表示 i 省 j 指标的标准化值。

主观赋权法和客观赋权法是常用的指标权重确定方法。相较于客观赋权法，主观赋权法中权重的确定更多地包含了评价者的主观性。为了客观测度区域绿色金融发展水平，这里采用熵权法这种客观赋权法来进行指标权重的确定。熵权法确定权重的依据是指标数据的无序程度，无须考虑不同指标关系，且保留了原始数据的客观性，适用于多指标的测度体系。

熵权法原理如下：

系统的不同状态出现的概率为 $p_i(i=1,2,\cdots,m)$，则定义该系统的熵为

$$E = -\sum_{i=1}^{m} p_i \ln p_i \quad (5-3)$$

当 $p_i = 1/m$ $(i=1,2,\cdots,m)$ 时，熵为最大：

$$E_{\max} = \ln m \quad (5-4)$$

设原始指标数据矩阵为 $\boldsymbol{R} = (r_{ij})_{m \times n}$，对于某个指标 r_j，有信息熵为：

$$E_j = -\sum_{i=1}^{m} p_{ij} \ln p_{ij} \quad (5-5)$$

其中

$$p_{ij} = r_{ij} / \sum_{i=1}^{m} r_{ij} \quad (5-6)$$

信息熵 E_{ij} 越小，则该指标变异程度越大，提供的信息量越大，在综合评价中所起的作用越大，则其权重也应越大；反之同理。因此在计算过程中，计算权重的依据是指标的熵值。借助熵权法，计算得到区域绿色金融发展指数测度指标的权重表（表5-3）。

表5-3 区域绿色金融发展指数测度指标权重

一级指标	二级指标	信息熵值	指标权重
政府支出	政府节能环保项目财政支出	0.9501	4.97%
绿色债券	绿色债券发行数量	0.7918	20.74%
	绿色债券发行规模	0.8247	17.46%
绿色股票	绿色上市公司市值占上市公司总市值比重	0.9312	6.86%

续表5-3

一级指标	二级指标	信息熵值	指标权重
绿色信贷	六大高耗能工业产业利息支出占工业产业利息总支出比重	0.9771	2.29%
	省（自治区、直辖市）节能环保上市公司贷款额占区域内上市公司总贷款额的比例	0.9196	8.01%
绿色保险	各省（自治区、直辖市）农业保险保费收入	0.9119	8.78%
碳金融	碳排放权交易金额	0.6899	30.89%

二、区域绿色金融发展指数的测度

根据表5-3及无量纲化后的原始数据，加权计算得到2015—2019年31个省（自治区、直辖市）的绿色金融发展指数（表5-4）。

表5-4 2015—2019年31个省（自治区、直辖市）绿色金融发展指数测度结果

地区	2015年	2016年	2017年	2018年	2019年	均值
北京	14.66	41.38	58.53	39.57	50.60	40.95
天津	12.73	13.08	12.37	12.90	15.68	13.35
河北	18.23	14.91	24.87	25.92	20.81	20.95
上海	11.44	34.87	29.08	16.22	14.32	21.19
江苏	56.03	28.08	39.03	34.20	31.33	37.73
浙江	13.06	14.43	16.45	15.27	27.73	17.39
福建	6.55	26.62	11.96	34.92	20.55	20.12
山东	11.09	13.77	14.98	15.11	23.61	15.71
广东	38.40	44.70	52.29	61.78	73.36	54.11
海南	1.90	1.22	1.36	7.02	1.78	2.66
山西	11.86	10.34	11.17	11.25	11.42	11.21

续表5-4

地区	2015年	2016年	2017年	2018年	2019年	均值
安徽	12.00	8.34	14.58	21.10	12.39	13.68
江西	7.10	11.62	10.69	11.07	10.12	10.12
河南	14.00	10.99	20.18	19.56	13.46	15.64
湖北	38.32	24.78	36.76	22.88	22.13	28.97
湖南	11.39	7.43	18.26	14.22	14.22	13.10
内蒙古	13.75	8.94	13.71	11.54	13.18	12.22
广西	5.22	4.09	5.79	6.75	12.45	6.86
重庆	13.58	11.94	17.00	18.55	12.22	14.66
四川	15.63	10.56	24.04	17.54	15.74	16.70
贵州	3.36	2.73	8.75	7.62	9.97	6.49
云南	5.54	5.13	7.29	12.00	17.43	9.48
西藏	0.77	0.34	2.02	1.17	1.85	1.23
陕西	7.32	5.73	10.58	9.15	9.92	8.54
甘肃	9.54	7.39	9.09	7.37	8.04	8.29
青海	1.05	0.65	0.30	0.73	1.41	0.83
宁夏	12.93	11.00	15.30	16.00	16.38	14.32
新疆	17.41	18.34	16.11	18.24	16.48	17.32
辽宁	6.52	3.65	7.82	6.22	5.19	5.88
吉林	9.30	7.16	7.95	7.62	6.33	7.67
黑龙江	11.70	12.09	15.28	10.29	8.64	11.60
全国均值	13.30	13.43	17.21	16.57	16.73	15.45

从全国水平看，绿色金融发展指数先升后降，但整体有所提升，由13.30（2015年）提升至16.73（2019年），提升幅度达到25.78%。得益于2016年《关于构建绿色金融体系的指导意见》的发布，我国绿色金融发展的顶层设计日益完善，绿色金融产品领域不断推出创新发展产品。例如，绿

色债券市场规模从 2015 年的 1 支 10 亿元额度迅速增加至 2016 年的 74 支 1833.31 亿元额度，达到全球同期绿色债券发行量的 42%，成为全球最大的绿色债券市场。绿色债券市场的快速发展，得益于我国绿色金融发展的顶层设计，以及相关政府部门各项政策激励下各类金融机构的共同推动。近年来，我国各类金融机构相继创新推出了绿色资产支持证券和绿色资产担保证券，3 家评级公司推出了绿色债券的评级方法，多家中介机构具备了为绿色债券提供第三方认证的资质和能力。

2014 年前，绿色金融在全球各国中央银行的议题中仍处于边缘化地位。2016 年的 G20 峰会正式讨论了绿色金融发展问题，并在 G20 峰会公报中明确提出要扩大全球绿色投融资规模，促进全球产业绿色转型发展的思路。受相关政策的影响，我国绿色金融的发展出现了在 2016 年后冲高回落的情况，表现为绿色金融发展指数在 2015—2018 年先上升后下降。但从长远发展趋势来看，绿色低碳环保是全球产业发展的主流，且我国绿色金融发展的规模仍未满足绿色投资的巨大需求，因此我国绿色金融发展还有巨大空间，未来或将呈现高速增长的态势。

在此背景下，比较我国西部地区代表性省（自治区、直辖市）和东部地区代表性省（自治区、直辖市）的绿色金融发展水平及测度指标数据发现，西部地区的绿色金融发展水平相对东部地区而言明显滞后。从 2015—2019 年的均值来看，我国西部地区的青海省绿色金融发展欠佳，指数得分仅为 0.83，而我国东部地区的广东省，其绿色金融发展指数得分高达 54.11，表明近年来我国西部地区与东部地区之间绿色金融发展水平存在较大差距。对比 2019 年青海省与广东省的具体指标数据发现，青海省政府 2019 年的节能环保项目支出为 69.38 亿元，广东省则高达 747.44 亿元；青海省 2019 年的绿色债券发行仅 1 支，金额仅为 15 亿元，而广东省则高达 50 支，金额达到 411.36 亿元；青海省 2019 年六大高耗能工业产业的利息支出占比达到了 0.86，且青海省无绿色环保上市公司及碳排放交易，而广东省 2019 年六大高耗能工业产业的利息支出占比仅为 0.31。从青海省与广东省 2019 年的绿色金融发展测度指标对比分析结果可以看出，受当地政府财政收入、金融发展水平、产业结构、企业实力等多方面因素影响，我国各省（自治区、直辖市）的绿色金融发展水平呈现明显的区域差异，西部地区的绿色金融发展水平相对东部地区而言明显滞后。

第三节 西部地区绿色金融发展水平的影响因素分析

一、按行政区划分析

这里对区域绿色金融发展指数的测度结果进行评价等级分类：0～10 为较低发展水平，10～20 为中等发展水平，20～30 为较高发展水平，30～100 为高发展水平。根据这样的分类标准，得到绿色金融发展指数的不同等级所包含的省（自治区、直辖市）数量（表 5-5）。

表 5-5 绿色金融发展指数的等级划分及各等级所含省（自治区、直辖市）数量

等级	2015 年	2016 年	2017 年	2018 年	2019 年
高 (30～100 分)	3	3	4	4	3
较高 (20～30 分)	0	3	4	3	5
中等 (10～20 分)	16	14	15	15	14
较低 (0～10 分)	12	13	8	9	9

从表 5-4 和表 5-5 中的数据来看，2015 年 31 个省（自治区、直辖市）中，绿色金融发展属于高水平发展的有 3 个，分别为江苏、广东、湖北，西部地区没有一个省（自治区、直辖市）进入绿色金融高水平发展梯队。2015 年 31 个省（自治区、直辖市）中，绿色金融发展属于较低水平发展的有 12 个，分别为福建、海南、江西、广西、贵州、云南、西藏、陕西、甘肃、青海、辽宁、吉林。西部地区有 7 个省（自治区、直辖市），即超过一半的省

（自治区、直辖市）属于绿色金融较低水平发展梯队；其余5个省（自治区、直辖市），即重庆、四川、内蒙古、宁夏、新疆均属于绿色金融中等水平发展梯队。也就是说，2015年西部地区12个省（自治区、直辖市）的绿色金融发展均没有达到高或者较高水平，与东部和中部地区相比明显滞后。

从表5-4和表5-5中的数据来看，2019年31个省（自治区、直辖市）中，绿色金融发展属于高水平发展的依然有3个，分别为北京、江苏、广东。其中，北京的绿色金融发展指数提升很快，从2015年的14.66提升至2019年的50.60，从2016年即进入高水平梯队。同时，湖北省的绿色金融发展指数下降明显，从2015年的38.32下降至2019年的22.13，在2016年跌入较高水平梯队，2017年重回高水平梯队，2018年开始又跌入较高水平梯队。但是，2019年我国西部地区仍然没有一个省（自治区、直辖市）进入绿色金融高水平发展梯队。2019年31个省（自治区、直辖市）中，绿色金融发展属于较低水平发展的减少至9个，分别为海南、贵州、西藏、陕西、甘肃、青海、辽宁、吉林、黑龙江，其中有5个为西部地区省份，即贵州、西藏、陕西、甘肃、青海。广西的绿色金融发展指数从2015年的5.22升至2019年的12.45，云南的绿色金融发展指数从2015年的5.54升至2019年的17.43，均从低水平梯队升入中等水平梯队。其余5个省（自治区、直辖市），即重庆、四川、内蒙古、宁夏、新疆仍属于中等水平梯队。也就是说，2019年西部地区12个省（自治区、直辖市）的绿色金融发展仍没有达高或者较高水平，与东部和中部地区相比依然明显滞后。

2015—2019年，绿色金融发展指数曾经达到高水平的省份有6个，分别为北京、广东、江苏、上海、湖北、福建，西部地区没有一个省份上榜。其中，湖北的绿色金融发展指数在高与较高间波动；上海的绿色金融发展指数在2016年冲高至34.87分，随后不断回落，至2019年仅为14.32分；福建的绿色金融发展指数在2018年高达34.92，于2019年回落至20.55；北京、广东、江苏的绿色金融发展指数在2017—2019年较为稳定地处于高值区间，其中北京、广东的指数得分远高于其他地区。

2015—2019年，有一半左右省（自治区、直辖市）的绿色金融发展指数处于中等区间，1/3左右省（自治区、直辖市）的绿色金融发展指数处于较低区间。相较于北京、广东、江苏等地，我国西部地区绝大多数省份的绿色金融发展水平仍待提高。这部分省份"两高一剩"产业占比仍然较高，行业内存量信贷规模占比较大，而体量较小的节能环保新兴产业对绿色金融的需求不足。再加上金融机构的从业人员对绿色金融业务依然比较陌生，缺乏足够的专业知识，绿色金融业务也缺乏明确统一的标准作为参考，给绿色金融业务的实施增添了较大难度，从而导致我国西部地区的绿色金融发展水平明显低于东部地区。

二、按经济地带分析

在前述按照我国行政区划空间单元对地区绿色金融发展水平的影响因素进行比较分析的基础上，再按照国家统计局对我国经济地带的划分标准来进一步比较分析我国东、中、西部和东北地区的绿色金融发展水平及其影响因素。

从表5-6可以看出，绿色金融发展指数均值呈现东、中、西、东北部地区递减的趋势。从研究时期来看，东部地区绿色金融发展指数均值保持逐年增长的态势，由2015年的18.41增至2019年的27.98，增长幅度达51.98%，年均增速为12.99%。东部地区大多是我国最早实行沿海开放政策并且经济发展水平较高的省市，因此绿色金融发展综合指数初期较高。同时，东部地区金融市场相对发达，市场化运作机制完善，节能环保产业实力较强，高耗能产业占比相对较少。因此，绿色金融在东部地区运行相对顺畅，且投资回报率相对较高，最终促使东部地区呈现绿色金融发展水平相对较高、发展速度相对较快的双优趋势。较为特殊的是海南省，在绿色金融发展水平整体较高的东部地区中，海南省2015—2019年的绿色金融发展指数均值仅为2.66，远低于东部地区整体均值24.42。从细分指标上看，海南省的绿色债券市场发展相对落后，仅在2018年发行11支，金额总计3亿元。同时，海南省缺少环保领域的大型上市公司，对节能环保产业领域的各种投资的吸引能力不足。在碳达峰、碳中和的战略背景下，海南自由贸易港可以借助得天独厚的制度优势，坚持绿色发展理念，创新绿色发展模式，配套绿色产业发展政策，不断增强对绿色金融资金的吸引力，以此更好地服务于创新、协调、绿色、开放、共享的高质量发展战略，促进海南省建设成为重要的绿色发展生态文明试验区。

表 5—6 2015—2019 年我国四大经济地带的绿色金融发展指数

经济地带	2015 年	2016 年	2017 年	2018 年	2019 年	5 年均值
东部地区均值	18.41	23.31	26.09	26.29	27.98	24.42
中部地区均值	15.78	12.25	18.61	16.68	13.96	18.55
西部地区均值	8.84	7.24	10.83	10.56	11.26	9.74
东北地区均值	9.18	7.63	10.35	8.04	6.72	8.39

注：根据表 5—4 中 31 个省（自治区、直辖市）绿色金融发展指数，分东部、中部、西部、东北地区进行分类，统计绿色金融发展指数的均值。

西部地区 2015—2019 年的绿色金融发展指数由 8.84 增至 11.26，增长幅度为 21.49%，年均增速为 5.37%。可以看到，西部地区绿色金融发展指数不仅增长幅度低于东部地区 30.49 个百分点，而且年均增速也低于东部地区 7.62 个百分点。因此，截至 2019 年底，西部地区的绿色金融发展指数仍然远远低于东部地区，与东部地区的差距从 2015 年底的 9.57 扩大至 2019 年底的 16.72。再对西部地区 12 个省（自治区、直辖市）的绿色金融发展指数进行比较，西藏和青海的绿色金融发展指数显得尤为落后，2015—2019 年一直在西部地区排在末 2 位。相比 2015 年的数据，2019 年西藏和青海两地的绿色金融虽有所起步，西藏的绿色金融发展指数从 0.77 增长至 1.85，青海的绿色金融发展指数从 1.05 增长至 1.41，但整体发展仍相对滞后，增长幅度小，增长速度慢，与其他省（自治区、直辖市）的差距愈加明显。这两个地区的绿色金融发展规模相对较小，产品和服务较为单一，且当地金融管理部门对发展绿色金融的重要性的认知和重视程度不够，尚未出台有效的配套优惠政策。2021 年，西藏自治区建立绿色信贷评价常态考核机制，通过开展绿色信贷业绩评价，引导各银行业金融机构加大绿色信贷投放力度，但其绿色金融业务仍局限于绿色信贷，绿色股票、债券、保险等市场尚未有实质性发展。

2015—2019 年，我国中部地区与东北地区绿色金融发展指数呈现先增后降的趋势。在 2016—2017 年绿色金融发展配套政策的强力激励下，我国中部地区与东北地区绿色金融的融资规模扩张，但随后在市场的规范调整下，规模恢复正常。中部地区各省中绿色金融发展指数较高的是湖北。湖北作为中部地区唯一碳排放权交易试点地区，一方面，带动发展长江流域的碳市场，推动长江经济带实现"生态优先、绿色发展"；另一方面，对中西部地区和长江经济带的绿色低碳发展产生强大的辐射效应和上下游带动作用。

由于各地区的资源禀赋不同，区域绿色金融发展初始水平与发展速度存在差异。而这种差异可能随时间向一个稳态水平趋近。本章借助变异系数（表5-7）探究绿色金融发展在区域间是否存在收敛。变异系数即归一化的标准差，可以消除数据组之间的大小差异，用以比较不同数据的波动大小。其计算公式如下：

$$CV = \frac{n\sigma}{\sum_{i=1}^{n} x_i} \qquad (5-7)$$

表5-7 2015—2019年我国四大经济地带绿色金融发展指数的变异系数

经济地带	2015年	2016年	2017年	2018年	2019年
东部地区	0.89	0.60	0.72	0.63	0.73
中部地区	0.71	0.52	0.52	0.31	0.30
西部地区	0.65	0.72	0.62	0.59	0.48
东北地区	0.28	0.56	0.41	0.26	0.26
全国	0.87	0.85	0.79	0.75	0.85

注：根据表5-4中31个省（自治区、直辖市）绿色金融发展指数，分东部、中部、西部、东北地区计算得到绿色金融发展指数的变异系数。

从全国范围来看，2015—2019年，31个省（自治区、直辖市）绿色金融发展指数的变异系数并未出现明显缩小，表明绿色金融发展指数并未存在收敛。但从东、中、西、东北部地区的统计数据来看，2015—2019年，除东北地区外，东、中、西部地区绿色金融发展指数的变异系数均呈现明显的缩小态势：东部地区由0.89缩小至0.73，中部地区由0.71缩小至0.30，西部地区由0.65缩小至0.48。这说明2015—2019年，我国东、中、西部地区绿色金融发展指数可能存在局部收敛，即相邻区域间存在相互促进和拉动作用，区域内各省（自治区、直辖市）的绿色金融发展水平差距呈现缩小态势，区域绿色金融呈现协调发展态势。而同时期，我国东北地区三省之间绿色金融发展水平差距拉大，绿色金融发展呈现不协调发展态势。

第六章

西部地区绿色金融发展水平空间特征及影响因素分析

第一节　绿色金融发展水平的空间特征

一、探索性空间数据分析方法选取

为进一步探究区域绿色金融发展的空间特征，本章采用探索性空间数据分析方法，测度 31 个省（自治区、直辖市）绿色金融发展指数的全局空间自相关指数及局部空间自相关指数。全局空间自相关指数用于描述目标变量在研究区域整体的空间关联模式，可以判断目标变量具体为随机、集聚或离散的分布状态。局部空间自相关分析可以识别出局部区域的高值聚类区、低值聚类区，还能够找到被低值包围的高值异常值或与之相反的低值异常值，而这些异常值在全局空间自相关分析中是不被考虑的。

全局和局部空间自相关指数 I 和 I_i 的计算公式分别为

$$I = \frac{n}{s_0} \frac{\sum_{i=1}^{n}\sum_{j=1}^{n} w_{ij} z_i z_j}{\sum_{i=1}^{n} z_i^2} \tag{6-1}$$

其中，

$$s_0 = \sum_{i=1}^{n}\sum_{j=1}^{n} w_{ij} \tag{6-2}$$

$$z_i = x_i - x \tag{6-3}$$

$$I_i = \frac{(x_i - \sum_{i=1}^{n} \frac{x_i}{n})}{S^2} \sum_{j=1}^{n} w_{ij}(x_j - x) \tag{6-4}$$

式中，x_i、x_j 分别表示 i 和 j 单元的绿色金融发展指数，w_{ij} 表示空间权重矩阵，S^2 表示方差。

二、全局空间自相关分析

空间权重矩阵在空间自相关分析中是一个必要的元素，不同权重矩阵的构建会影响分析结果。常用的空间权重矩阵类型包括邻接关系、距离关系、综合因素关系。本章尝试采用三种空间权重矩阵（邻接权重矩阵、地理距离权重矩阵、经济距离权重矩阵）对绿色金融发展指数进行全局空间自相关分析。

邻接权重矩阵用于定义相邻关系。记区域 i 与 j 的距离为 d_{ij}，可定义空间权重矩阵如下：

$$w_{ij} = \begin{cases} 1, d_{ij} < d \\ 0, d_{ij} \geqslant d \end{cases} \quad (6-5)$$

其中 d 为给定的距离临界值。

地理距离权重矩阵以距离的倒数作为空间权重：

$$w_{ij} = \frac{1}{d_{ij}} \quad (6-6)$$

根据地理学第三定律，区域间地理属性的相近可视为在该属性上联系更为密切。本章使用地区间 GDP 的差额作为测度地区间经济距离的指标，构建经济距离权重矩阵：

$$\boldsymbol{W}^* = \boldsymbol{W} \times \boldsymbol{E} \quad (6-7)$$

其中矩阵 $\boldsymbol{E}$ 的主对角线元素均为 0，而非主对角线的 (i, j) 元素为 $E_{ij} = \frac{1}{|\overline{Y_i} - \overline{Y_j}|}$ $(i \neq j)$，$\overline{Y_i}$ 为区域 i 在样本区间的 GDP 平均值。

借助 Stata 软件获得 2015—2019 年绿色金融发展指数的全局莫兰指数（Moran's I）（表 6-1）。

表 6-1 绿色金融发展指数的全局莫兰指数

权重矩阵类型	年份	2015	2016	2017	2018	2019
邻接权重矩阵	Moran's I	−0.165	0.045	−0.107	−0.009	−0.115
	z	−1.243	0.675	−0.651	0.221	−0.800
	p	0.214	0.500	0.515	0.825	0.424
地理距离权重矩阵	Moran's I	−0.026	0.004	−0.031	−0.009	−0.027
	z	0.246	1.110	0.076	0.771	0.210
	p	0.806	0.267	0.939	0.441	0.833
经济距离权重矩阵	Moran's I	0.103	0.205	0.390	0.186	0.165
	z	1.494	2.392	4.341	2.338	2.260
	p	0.135	0.017	0.000	0.019	0.024

注：根据表 5-4 中 31 个省（自治区、直辖市）绿色金融发展指数计算。

从 z 值和 p 值来看，采用邻接权重矩阵和地理距离权重矩阵的分析结果在各年份均不显著，表明绿色金融发展还未形成地理空间上的显著联系。绿色金融在区域间并未因地理相邻或距离相近而发生拉动或推动作用，其原因是金融相较于人口等要素，较少受到地理限制，而常在经济发展水平较高的区域间进行高频高量的流动。从采用经济距离权重矩阵的分析结果来看，全局莫兰指数仅在 2015 年无法在 90% 的置信度上拒绝随机分布的原假设，在 2016—2019 年均有较强的显著性，在 95% 的置信度（$p<0.05$，$z>1.96$）上拒绝原假设，表明绿色金融发展指数从区域经济联系视角上存在较强的空间自相关性。

莫兰指数大于 0，表示地区间绿色金融发展指数存在空间正相关性，存在绿色金融发展集聚现象，即经济差距小的地区绿色金融发展水平相近，区域间较大的经济差距显著影响了绿色金融发展在空间上的集聚分布。从表 6-1 中的数据来看，2016—2019 年莫兰指数均大于 0，且呈现出倒 U 形变化趋势，表明绿色金融发展在 31 个省（自治区、直辖市）范围内空间正相关性先增后降，于 2017 年达到峰值。2016 年，我国绿色金融发展的顶层设计完善，政策激励力度增强，考虑到政策的生效延迟性，2017 年空间自相关性达到阶段性最高值，后续在市场的调节作用下逐渐恢复平稳。

三、局部空间自相关分析

全局空间自相关分析仅能说明，2016—2019 年 31 个省（自治区、直辖市）范围内绿色金融发展在空间上存在集聚现象，但具体区域特征则需要通过局部空间自相关分析进一步深入探究。局部空间自相关分析可以判断绿色金融在某区域及与其经济联系密切的区域发展水平的差异情况，进而将该区域划分为高高集聚区、高低集聚区、低高集聚区、低低集聚区中的某一种。

从局部莫兰指数散点图（图 6-1）可以看出，在 $p<0.05$ 的显著性水平下，2015—2019 年 31 个省（自治区、直辖市）范围内绿色金融发展水平处于第一象限和第三象限的地区比例分别为 70.9%、83.9%、87.1%、77.4% 和 87.1%，进一步从局部视角印证了绿色金融发展在经济联系密切的区域间存在明显的集聚现象。而高经济联系度、高绿色金融发展水平差异的孤立点则较少出现，且均未通过置信度检验。再从显著的集聚区域来看，2015—2019 年表现为高高集聚的地区主要集中在东部地区，包括广东、北京、江苏三地，在中部地区有湖北。低低集聚区主要有海南和西藏。

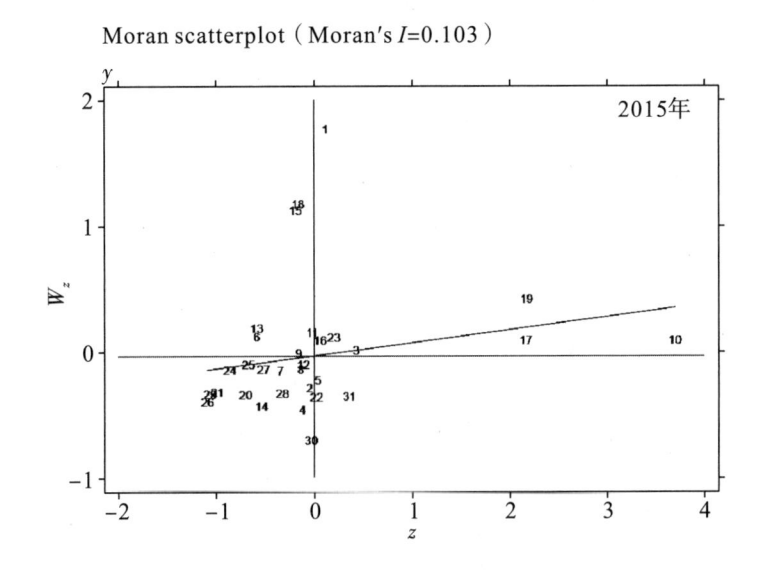

Moran scatterplot（Moran's I=0.103）

Moran scatterplot (Moran's I=0.165)

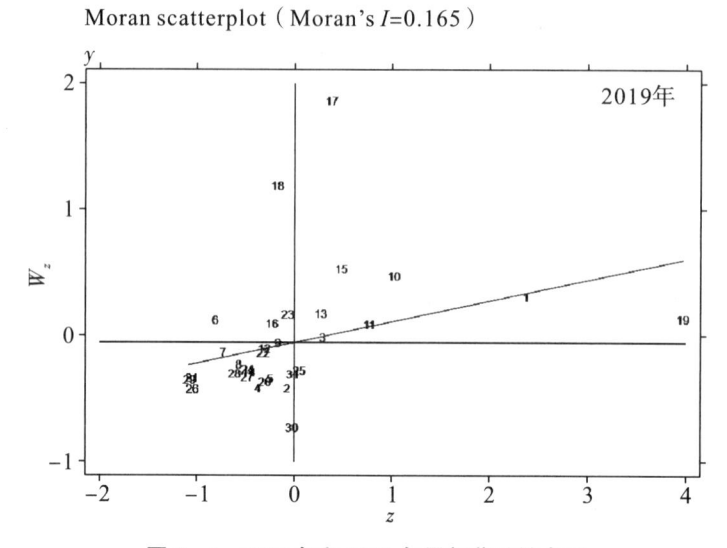

图6-1 2015年和2019年局部莫兰散点图

注：根据表5-4中31个省（自治区、直辖市）绿色金融发展指数计算并绘制。

第二节 影响因素实证分析

一、影响因素选取

根据第五章对绿色金融发展影响因素的识别和分析，本节从人力资本质量、科技创新能力、工业化水平、经济效率、政策激励、绿色金融基础设施、环境污染、金融基础8个方面选择适当指标（表6-2），对2019年影响我国区域绿色金融发展水平空间特征分异的主要因素进行实证研究，以期为我国绿色金融区域协调及整体优化发展政策的制定等提供数据支撑。

工业化水平的测度，主要选用地区工业总产值占地区GDP的比重作为具体指标。人力资本质量的测度，主要选用6岁及以上人口受过高中及以上教育的人数比例作为具体指标。科技创新能力的测度，主要选用R&D人员全时当量、R&D经费、R&D项目数、专利申请数等作为具体指标，以此综合反映地区科技创新水平。金融基础是地区绿色金融发展空间集聚的重要动因，这里主要选用金融业增加值数据作为金融基础测度指标。经济效率的测度，主要选用数据包络分析（DEA）对地区经济效率测度的结果作为具体指标，其中投入采用地区绿色金融资金供给的数量，产出采用地区环保上市公司的单年净利润。环境污染的测度，主要以地区废气中二氧化硫排放量、废水排放量、一般工业固体废物产生量三项数据作为具体指标。政策激励的测度，主要选择地区发布的绿色金融政策文件的数量作为具体指标。绿色金融基础设施的测度指标，采用国研网《中国绿色金融发展指数报告2020》中的绿色基础设施指数替代。

表6-2 绿色金融发展空间特征的影响因素

影响因素	具体指标
工业化水平	地区工业总产值占地区GDP的比重
人力资本质量	6岁及以上人口受过高中及以上教育的人数比例
科技创新能力	R&D人员全时当量
	R&D经费
	R&D项目数
	专利申请数
金融基础	金融业增加值
经济效率	数据包络分析结果
环境污染	废气中二氧化硫排放量
	废水排放量
	一般工业固体废物产生量
政策激励	与绿色金融相关的地方规范性文件及地方工作文件数量
绿色金融基础设施	绿色金融市场设施指数

二、数据处理

（一）科技创新能力及环境污染

本节数据均公开可得，工业化水平、人力资本质量、科技创新能力、金融基础、环境污染相关数据来源于《中国统计年鉴》，政策激励数据来源于北大法宝法律法规数据库，绿色金融基础设施指数来源于国研网，经济效率所用环保上市公司单年净利润来源于 wind 数据库。与第五章中对绿色金融发展指数指标体系的处理方式相同，采用熵权法加权获得科技创新能力及环境污染各项指标权重（表6-3）。

表6-3 科技创新能力、环境污染权重

影响因素	具体指标	权重/%
科技创新能力	R&D人员全时当量	25.75
	R&D经费	21.16
	R&D项目数	25.99
	专利申请数	27.10
环境污染	废气中二氧化硫排放量	27.68
	废水排放量	31.91
	一般工业固体废物产生量	40.41

（二）绿色金融的经济效率

数据包络分析（DEA）是基于数学规划模型来评价具有多个投入和多个产出的决策单元间相对有效性的方法，在评估过程中以客观数据为依据，效率测度结果具有较强的客观可信度，以及无须统一指标量纲，计算准确等优势。① 面向产出的数据包络分析可采用如下 CCR 模型来计算：

$$(CCR)\begin{cases} D^S(x^t,t^t) = \min \theta \\ \text{s.t.} \sum_{j=1}^{n}\lambda_j y_j^s \leqslant \theta x_k^t, j=1,2,\cdots,n \\ \sum_{j=1}^{n}\lambda_j y_j^s \geqslant y_k^t \\ \lambda_j \geqslant 0 \end{cases} \quad (6-8)$$

模型中 $\theta \in (0,1)$ 表示产出效率，根据其值大小，可以判断资源配置是否存在冗余。

$$\begin{cases} \theta = 1, \text{在决策单元中，该单元资源配置是合理的} \\ \theta < 1, \text{在决策单元中，该单元资源配置存在冗余} \end{cases}$$

本章选择绿色金融资金供给作为投入（表 6-2），以各省（自治区、直辖市）环保上市公司单年净利润代表绿色金融资金运作带来的产出，借助 MaxDEA 软件测度 2015—2019 年各省（自治区、直辖市）绿色金融的经济效率，测度结果如表 6-4 所示。

表 6-4 绿色金融的经济效率

省（自治区、直辖市）	2015 年	2016 年	2017 年	2018 年	2019 年	均值
北京	0.78	0.95	1.00	1.00	1.00	0.95
天津	0.07	0.34	0.51	0.14	0.13	0.24
河北	1.00	1.00	0.65	0.55	0.78	0.80
山西	0.25	0.44	0.30	0.59	0.48	0.41
内蒙古	0.07	0.36	0.30	1.00	0.48	0.44
辽宁	0.31	0.28	0.31	0.28	0.59	0.35
吉林	0.02	0.20	0.72	1.00	0.41	0.47
黑龙江	0.08	0.42	0.11	0.71	0.57	0.38
上海	1.00	1.00	1.00	1.00	1.00	1.00

---

① 郑群哲. 中国碳金融发展水平测度及影响因素分析 [J]. 技术经济与管理研究，2022（2）：75-79.

续表6-4

省（自治区、直辖市）	2015年	2016年	2017年	2018年	2019年	均值
江苏	0.80	0.93	0.87	1.00	0.99	0.92
浙江	1.00	1.00	1.00	1.00	1.00	1.00
安徽	0.40	0.94	0.40	0.14	0.92	0.56
福建	0.94	0.73	1.00	0.25	0.32	0.65
江西	0.88	0.55	0.57	0.58	0.47	0.61
山东	0.54	0.61	0.76	0.80	0.67	0.68
河南	0.63	0.95	0.41	0.56	1.00	0.71
湖北	0.07	0.21	0.15	0.09	0.09	0.12
湖南	0.20	0.18	0.19	0.02	0.09	0.14
广东	0.37	1.00	1.00	0.62	0.58	0.71
广西	0.17	0.20	1.00	0.21	0.17	0.35
海南	0.21	0.46	1.00	1.00	1.00	0.73
重庆	1.00	1.00	0.86	0.38	0.32	0.71
四川	0.38	0.51	0.47	0.96	0.03	0.47
贵州	0.13	1.00	1.00	1.00	0.49	0.72
云南	0.18	0.12	0.09	0.19	0.29	0.18
陕西	0.18	0.60	0.62	1.00	1.00	0.68
甘肃	0.07	0.04	0.06	0.02	0.19	0.08
宁夏	0.25	1.00	1.00	1.00	1.00	0.85
新疆	0.98	0.83	1.00	1.00	1.00	0.96

数据来源：根据历年《中国统计年鉴》、北大法宝法律法规数据库、国研网、wind数据库相关数据计算。

考虑到环保上市公司净利润存在波动现象及资金调整的滞后性，将2015—2019年我国各省（自治区、直辖市）绿色金融的经济效率加权平均，使用均值作为区域绿色金融发展空间分异的影响因素进行后续分析。

三、模型选择

地理探测器是探测空间异质性的一种重要方法。在分析我国各省（自治区、直辖市）绿色金融发展水平空间特征的影响因素时，地理探测器方法的主要优势如下：可结合多种变量综合分析，且保证了其对多自变量共线性免疫，可以很好地解决影响因素中存在的共线性和内生性。地理探测器包含因子探测和交互探测两个功能。

因子探测用于测度影响因素对变量空间分异的解释力度，用 q 值表示，其计算公式为：

$$q_{x,y} = 1 - \frac{\sum_{h=1}^{L} n_h \sigma_h^2}{n\sigma^2} \quad (6-9)$$

式中：$q_{x,y}$ 为影响因素 x 对绿色金融发展指数 y 的解释力；h 为变量 y 或因素 x 的分层数，$h=1, 2, \cdots, L$；n_h 和 σ_h^2 分别为 h 层的样本量和方差。$q_{x,y}$ 的取值范围为 [0, 1]，值越大，表明影响因素对 y 的解释力越强。

交互探测可以更加具体地探测两个不同因素组合在一起时的交互作用，分析是否会增强或减弱影响因素的解释力。具体方法是，先分别计算两种因素的解释力，即 $q(x_1)$、$q(x_2)$，并计算它们交互时的 q 值，即 $q(x_1 \cap x_2)$，然后对 $q(x_1)$、$q(x_2)$、$q(x_1 \cap x_2)$ 进行比较。根据大小关系将因素关系分为非线性减弱、单因子非线性减弱、双因子增强、独立、非线性增强 5 类。地理探测器模型的使用，需要将影响因素数据处理为类型数据，本章借助 Arcgis 的自然断点法，将人力资本质量、科技创新能力、工业化水平、经济效率、政策激励、绿色金融基础设施、环境污染、金融基础等影响因素指标数据进行聚类处理，划分为 5 级类型数据。

第三节 影响因素解释力分析

一、影响因子探测及主要影响因素分析

将 2015—2019 年各影响因素的类型数据和绿色金融发展指数导入地理探测器模型，得到各影响因素解释力度（表 6-5）。本章所选取的我国绿色金融发展的空间特征的 8 个影响因素，均通过 $p<0.05$ 的置信度检验，表明所选影响因素均对绿色金融的空间特征分异有一定的解释力度。

表 6-5 影响因素解释力度

区域	影响因素	工业化水平	人力资本质量	科技创新能力	金融基础	经济效率	环境污染	政策激励	绿色金融基础设施
	编号	X1	X2	X3	X4	X5	X6	X7	X8
全国	q 值	0.1705	0.1113	0.4929	0.5989	0.1793	0.1439	0.1123	0.1599
	p 值	0.0000	0.0000	0.0000	0.0000	0.0000	0.0000	0.0000	0.0000
东部	q 值	0.2153	0.2659	0.4198	0.4743	0.0503	0.4091	0.4689	0.5573
	p 值	0.0000	0.0000	0.0000	0.0000	0.0000	0.0000	0.0000	0.0000
中部	q 值	0.0362	0.1444	0.3450	0.3356	0.5887	0.0989	0.0426	0.4092
	p 值	0.0000	0.0000	0.0000	0.0000	0.0000	0.0000	0.0000	0.0000
西部	q 值	0.4560	0.3712	0.1674	0.2905	0.4506	0.4280	0.2152	0.0282
	p 值	0.0000	0.0000	0.0000	0.0000	0.0000	0.0000	0.0000	0.0000

从全国范围看，2015—2019 年，各因素 q 值由大到小依次为：金融基础（0.5989）>科技创新能力（0.4929）>经济效率（0.1793）>工业化水

平（0.1704）＞绿色金融基础设施（0.1599）＞环境污染（0.1439）＞政策激励（0.1123）＞人力资本质量（0.1113）。结果显示，2015—2019年，在各影响因素中，金融基础、科技创新能力对绿色金融发展水平空间特征分异的影响最为强烈，解释力度远超另外6类因素。在经济效率、工业化水平、绿色金融基础设施、环境污染、政策激励、人力资本质量这6类因素中，经济效率、工业化水平这两类因素对绿色金融发展水平空间特征分异的解释力度相对较强，政策激励、人力资本质量这两类因素对绿色金融发展水平空间特征分异的解释力度相对较弱。

二、影响因素的区域差异性分析

由于东北地区样本数量限制，地理探测器模型结果不显著，因此调整样本范围，对我国东、中、西部地区的影响因素进行研究，并与全国范围的结果进行比较。

2015—2019年，东部地区各影响因素的 q 值从大到小为：绿色金融基础设施（0.5573）＞金融基础（0.4743）＞政策激励（0.4689）＞科技创新能力（0.4198）＞环境污染（0.4091）＞人力资本质量（0.2659）＞工业化水平（0.2153）＞经济效率（0.0503）。相较于全国范围的结果，2015—2019年，解释力度上升的影响因素有工业化水平、人力资本质量、环境污染、政策激励、绿色金融基础设施。绿色金融基础设施的解释力度提升最为显著，解释力度排第一位。这表明，2015—2019年，虽然从全国范围来看，绿色金融基础设施对绿色金融发展水平空间特征分异的影响较小，但在东部地区却是绿色金融发展水平空间特征分异的主要影响因素。政策激励因素对绿色金融发展水平空间特征分异影响效果的变动类似于绿色金融基础设施，在东部地区的解释力度相较于全国同样显著提升。工业化水平和人力资本质量这两类影响因素在东部地区的解释力度相较于全国的提升，不及绿色金融基础设施和政策激励这两类因素。在东部地区的解释力度相较于在全国的解释力度下降的影响因素有科技创新能力、金融基础、经济效率，其中科技创新能力（0.4929降至0.4198）和金融基础（0.5989降至0.4793）两项虽有下降，但下降幅度不大，仍然具有较强的解释力度，但经济效率（0.1793

降至 0.0503）的解释力度显著下降，表明经济效率对东部地区绿色金融发展水平空间特征分异的影响较小。

2015—2019 年，中部地区各影响因素的 q 值从大到小为：经济效率（0.5887）＞绿色金融基础设施（0.4092）＞科技创新能力（0.3450）＞金融基础（0.3356）＞人力资本质量（0.1444）＞环境污染（0.0989）＞政策激励（0.0426）＞工业化水平（0.0362）。2015—2019 年，相较于全国范围的测度结果，解释力度上升的影响因素有经济效率、人力资本质量、绿色金融基础设施。2015—2019 年，在中部地区，经济效率因素的解释力度显著提升，远超以全国范围为样本时的 0.1793，表明经济效率在中部地区是影响绿色金融发展水平空间特征分异的强因素。2015—2019 年，绿色金融基础设施这类因素的解释力度提升较为明显，但幅度不及东部地区。2015—2019 年，在中部地区，对绿色金融发展水平空间特征分异的解释力度下降的影响因素有科技创新能力、金融基础、环境污染、政策激励、工业化水平。科技创新能力和金融基础这两类因素的解释力度下降幅度高于东部地区，但解释力度仍然较强。2015—2019 年，环境污染和政策激励这两类因素对绿色金融发展水平空间特征分异的解释力度下降幅度超过 50%，表明它们在中部地区对绿色金融的影响较小。2015—2019 年，工业化水平因素的解释力度下降幅度最大，接近 80%，在中部地区的解释力度最弱。

2015—2019 年，西部地区各影响因素的 q 值从大到小为：工业化水平（0.4560）＞经济效率（0.4506）＞环境污染（0.4280）＞人力资本质量（0.3712）＞金融基础（0.2905）＞政策激励（0.2152）＞科技创新能力（0.1674）＞绿色金融基础设施（0.0282）。2015—2019 年，在西部地区，对绿色金融发展水平空间特征分异的解释力度增强的因素有工业化水平、人力资本质量、经济效率、环境污染、政策激励。其中，工业化水平因素的解释力度的提升幅度远高于东部地区，在影响因素中解释力度提升至第一位，是影响西部地区绿色金融发展水平空间特征分异的主要因素。人力资本质量、环境污染两项因素类似于工业化水平，虽然在全国、东部、中部范围来看解释力度较弱，但在西部地区却是绿色金融发展水平空间特征分异的主要影响因素。2015—2019 年，政策激励因素的解释力度在西部地区有所提升，但不及在东部地区提升明显。2015—2019 年，对绿色金融发展水平空间特征分异的解释力度下降的因素有科技创新能力、金融基础、绿色金融基础设施。2015—2019 年，科技创新能力与金融基础两类因素的解释力度在西部地区下降幅度较大，虽然在全国范围对绿色金融发展水平空间特征分异的解释力度分别位于第一、第二位，但从局部区域看，呈现出由东部向中、西部递减的规律。与东部、中部地区截然不同的是，2015—2019年西部地区绿色金融基础设施因素的解释力度大幅下降至0.0282，表明其对西部绿色金融发展水平空间特征分异的影响呈现减弱的态势。

三、影响因素交互作用分析

本章进一步通过地理探测器的交互探测，在全国范围探测分析各影响因素两两交互后对绿色金融发展水平空间特征分异的影响效果。分析结果如表6-6所示，带*的位置为通过了95%置信度检验的交互作用结果。

表6-6 影响因素交互作用

	X1	X2	X3	X4	X5	X6	X7	X8
X1	—							
X2	0.4900*	—						
X3	0.7375*	0.7934	—					
X4	0.8230	0.6346*	0.6789*	—				
X5	0.5236	0.3977*	0.8530*	0.8592	—			
X6	0.5265	0.5269*	0.6731*	0.6910	0.4693	—		
X7	0.5800	0.3541*	0.6270*	0.8012	0.5035	0.4948	—	
X8	0.6785	0.4651*	0.6741*	0.8066	0.5610	0.5610	0.4627	—

通过置信度检验的交互项为：工业化水平与人力资本质量（0.4900）、工业化水平与科技创新能力（0.7375）、人力资本质量与金融基础（0.6346）、人力资本质量与经济效率（0.3977）、人力资本质量与环境污染（0.5269）、人力资本质量与政策激励（0.3541）、人力资本质量与绿色金融基础设施（0.4651）、科技创新能力与金融基础（0.6789）、科技创新能力与经济效率（0.8530）、科技创新能力与环境污染（0.6731）、科技创新能力与政策激励（0.6270）、科技创新能力与绿色金融基础设施（0.6741）。上述研

究结果表明，不同影响因子两两交互作用都呈现了增强关系，没有出现减弱和独立的关系，说明因子间交互作用机制较强。其中，科技创新能力与经济效率两类影响因素的交互作用最强，交互后解释力度达到 0.8530，显著高于科技创新能力（0.4929）、经济效率（0.1793）单因素的解释力度。

通过显著性检验的影响因素交互作用共有 13 项，可分为人力资本质量与除科技创新能力外 6 个影响因素的交互、科技创新能力与除人力资本质量外 6 个影响因素的交互、人力资本质量与科技创新能力的交互三类。由此可见，人力资源、科技创新能力两类影响因素，可以显著提升工业化水平、金融基础、经济效率、环境污染、政策激励、绿色金融基础设施六类影响因素对绿色金融发展水平空间特征分异的解释力度。

第七章

促进西部地区绿色发展的对策建议

第一节 提升绿色全要素生产率促进绿色发展

一、提高管理效率，合理配置有限资源

提高西部地区的绿色全要素生产率有助于实现经济发展和环境保护的双赢。本书根据 2005—2017 年西部地区 12 个省（自治区、直辖市）的面板数据，测算出绿色全要素生产率指数。在此基础上分析发现，近年来西部地区的绿色全要素生产率总体呈增长趋势，但增长幅度较小，在 2009 年和 2016 年，大部分省（自治区、直辖市）的绿色全要素生产率出现较大幅度的下降，绿色技术进步较为明显，绿色效率没有得到较大改善。西部地区绿色全要素生产率增长的区域差异较大，西藏和内蒙古的绿色全要素生产率增长速度相对较快，甘肃的整体绿色全要素生产率呈现下降趋势。

从西部地区绿色全要素生产率测算结果分解指标来看，近年来我国西部地区大部分省（自治区、直辖市）的绿色效率改善水平总体变化不大，对西部地区绿色全要素生产率的影响较小，大部分省（自治区、直辖市）的效率改善指数均为 1，仅甘肃、宁夏和新疆在部分年份的指数值有所波动，其中宁夏的绿色技术效率的下降极大影响了绿色全要素生产率的增长速度。这说明，在样本期间，我国西部大部分地区的技术利用效率没有得到改善，但从实际要素投入量来看，2005—2017 年，资本、劳动和能源等要素投入的不断加大都对绿色全要素生产率的改善有促进作用，投入量的增长在一定程度上弥补了技术利用效率的相对落后和资源配置结构的相对不足。而随着投入总额的加大，隐形的效率损失也在不断扩大。因此，要推动西部地区绿色发展，除了要继续稳定加大各项要素投入，更重要的是根据不同省（自治区、直辖市）的发展基础和资源禀赋的特征，以及内部、外部的政策环境等因

素，确定优先发展产业和重点支柱产业，在保障民生底线的同时，综合运用经济、法律、环保政策等的差别化措施，更有效配置资源，提高地区经济发展效率。此外，在当前技术条件下，西部地区还需要进一步加强产业园区建设和完善产业链，促进信息、技术等的溢出效应发挥作用，提高企业管理效率和资源的利用水平，尽可能实现环境友好型的高质量发展，以综合提高绿色全要素生产率。

二、提升绿色技术水平，促进绿色转型发展

本书在测算出西部地区12个省（自治区、直辖市）的绿色全要素生产率指数的基础上，进一步以经济发展、产业结构、人力资本、资本深化、环境规制、政府规制、技术创新和外资利用等影响因素为解释变量，实证检验了西部地区绿色全要素生产率增长的主要影响因素。研究结果发现，根据模型回归结果，我国西部地区绿色全要素生产率及其分解项的前一期都对当期有显著的正向影响。在绿色全要素生产率的影响因素中，经济发展、产业结构均对绿色全要素生产率增长、绿色效率改善和绿色技术进步有显著的正向作用；资本深化和政府规制对绿色全要素生产率增长、绿色效率改善和绿色技术进步的影响高度负向显著；环境规制和外资利用则对绿色全要素生产率增长有负向影响，对其分解指标的影响不显著；技术创新对绿色效率改善有负向影响，而对绿色技术进步有正向影响，结果呈现出对绿色全要素生产率增长作用的不显著；人力资本则未对绿色全要素生产率及其分解指标产生影响。

西部地区绿色全要素生产率的倒退主要受绿色技术进步下降的拖累，技术创新虽然对绿色技术进步有正向促进作用，但对绿色全要素生产率总体作用不显著。因此，对于样本期内绿色技术进步指数小于1的甘肃，绿色技术进步水平呈下降趋势的内蒙古、贵州、甘肃、青海和宁夏等省（自治区），应该更侧重于加大对节能减排技术的推广力度和对绿色企业的扶持力度，同时注意污染排放尤其是废水排放的减少，促进绿色经济转型发展。同时应注重促进各地区高校高质量发展，提高区域科技创新能力，培养创新人才，为潜在的技术进步提供充分条件，并通过建立产学研合作机制让新型节能产品

和绿色设备走出实验室,提高绿色科技的转化率。近年来,西部地区经济发展水平有较大提升,工业达到一定规模,新技术、新装备得到普遍运用。国家大力推动科技创新、产业创新,引导技术进步要素向产业集聚的一系列举措推动产业技术进步、企业组织创新和市场环境改善,从而促使技术进步指数得到较大提高。[①] 但是,由于对环境改善诉求的日益增长和高质量发展的需要,产业绿色转型升级必须进一步提升绿色技术水平。西部地区应进一步深入贯彻新发展理念,通过引进先进技术,加大绿色技术研发,引进高素质人才,促进信息技术在传统产业广泛应用并与之深度融合等途径,实现生产过程的节能减排,提高资源的利用率,降低生产成本,促进绿色全要素生产率进一步提升。

三、打造创新型产业集群,推动产业结构升级

从绿色全要素生产率的空间分布特征来看,近年来西部地区 12 个省(自治区、直辖市)的绿色全要素生产率具有低强度的空间聚集性和阶段性的全局空间自相关现象,绿色全要素生产率增长有一定程度的空间依赖性。2014—2017 年,西部地区绿色全要素生产率呈现较为稳定的显著空间正相关,绿色全要素生产率水平相似的省(自治区、直辖市)在空间分布上存在较为显著的高值、低值集聚。在局部空间上邻近省(自治区、直辖市)的差距逐渐缩小,最终呈现稳定的高高集聚和低低集聚状态。2015—2017 年,稳定的高高集聚区主要在新疆和西藏,低低集聚区主要在四川、云南和广西。

根据 2006—2017 年西部地区绿色全要素生产率影响因素的作用结果,西部地区经济水平的提升明显有助于促进绿色全要素生产率的增长,同时产业结构对绿色全要素生产率也有显著的正向影响。而推动产业发展和经济水平提升本就互为因果,因此对于产业聚集水平相对较低的西部地区,要促进绿色全要素生产率增长,应该通过打造创新型产业集群,推动产业结构升

---

① 吴静. 新能源革命能否促进中国工业绿色转型?——基于因素分解法的实证分析[J]. 经济体制改革, 2017(2): 184−191.

级，实现绿色经济增长。一方面，西部地区腹地广阔，资源优势得天独厚，可以通过布局本区域的多个优势支柱产业，增加其创新研发投入，形成差异化主导产业部门，在西部地区内部集中连片带动关联产业发展，筛选淘汰一批落后产能，提高资源利用效率，打造西部地区多个经济增长极。另一方面，在承接东部地区产业转移的同时，西部地区可以考虑充分发挥地区间的比较优势，合理规划环境友好型项目的落地区域，争取在落地区域将转入产业发展成为支柱产业，并通过技术扩散辐射带动周边地区的技术水平提升，同时充分发挥后发优势，规避转入产业在东部地区发展过程中的环境污染问题和建设难题。同时，西部地区各级政府部门也应立足自身资源禀赋优势，制定相应的产业转移承接的优惠政策、产业园区全产业链的引入政策、产业技术创新的鼓励政策等，逐步通过产业聚集的知识溢出效应、结构效应和规模经济效应，对西部地区绿色全要素生产率的增长产生积极的带动作用。

四、完善基础设施建设，促进绿色技术创新产业发展

近年来，西部地区 12 个省（自治区、直辖市）绿色全要素生产率的发展差距较大，经济发展不平衡的问题仍然明显。由于发展条件的限制，部分区域甚至还存在基础设施建设比较落后的问题。不同经济发展水平的地区，其绿色发展路径应因地、因时制宜。青海和西藏的气候条件恶劣，产业基础薄弱，产业体系不完善，民生保障主要依靠中央财政转移支付。对于这类经济发展水平还相对落后，又承担着非常重要的生态保护功能的地区，未来应不断加大生态保护和交通基础设施建设的投资力度，完善当地各项基本公共服务和基础设施建设，改善当地群众生产生活条件。同时，应注重推动教育事业的进步，培养更多技术人才，并鼓励、号召在外求学、工作，拥有较高学历水平和技术水平的人才参与家乡建设。应采取特殊支持政策，平衡配置结构，完善补偿方式，发展环境友好型的绿色产业，促进经济发展、生态保护同民生改善相结合，促进绿色全要素生产率的提升。宁夏虽然发展基础薄弱，但近年来通过打造枸杞等农产品知名品牌，充分利用当地气温较低、空气干燥度高、土地成本低、用电成本相对较低等优势，盘活沙、硅、水、电等资源发展大数据产业，已逐步发挥出绿色生态产业发展的潜力。宁夏的绿

色经济发展,应该注重大力提升科技服务水平,引进高质量技术人才和管理人才,促进企业创新能力发展、技术利用水平提高和组织管理效率提升。同时,西部地区各省(自治区、直辖市)还应进一步深挖本地特色优势资源,培养做大一批创新能力强的绿色产业,推广扶持一批协调性强、进入门槛低、吸纳就业能力强的环境友好型产业,为地区提升绿色全要素生产率、促进绿色发展提供产业支撑。

技术创新对我国西部地区绿色全要素生产率的影响,最终表现为内部正向、负向影响的互相抵消。究其原因,主要在于技术创新的成果未得到充分合理利用,实际生产效率的改善不明显等。因此,未来西部地区应该大胆探索绿色全要素生产率提升的技术、市场和要素优化路径,建设市场导向的绿色技术创新体系,打破绿色技术创新与企业生产之间的壁垒。西部地区的政府部门,应研究制定相关配套政策,为绿色先进技术的应用推广提供一定支持,使技术进步成果充分融入生产环节。同时,应探索采用信息流与要素流互联互通、基础设施与机器设备共建共享等方式,加速技术扩散和资本、劳动力的双向流动,强化西部地区绿色全要素生产率增长的空间依赖性,促进绿色发展领先地区向周边地区产生更为明显的空间溢出效应,以推动西部地区整体绿色全要素生产率的提升,实现绿色高质量发展。但是,在构建绿色技术创新体系及区域绿色项目合作共建过程中,应注重加强工业企业建设和迁移标准,制定更加严格的环境规制政策。特别是工业企业迁入地政府,要注重提高对污染型企业的环保监控和管理水平,不断提高地区环境污染治理能力,保障绿色全要素生产率增长的空间溢出效应充分实现。

第二节 健全绿色金融服务体系促进绿色发展

一、加强绿色金融产品创新，完善绿色金融市场体系

从近年来我国西部地区绿色金融发展水平的测度结果来看，对比2015年和2019年两年的截面数据，绿色金融发展指数由13.30提升至16.73，提升幅度达到25.80%，说明我国西部地区绿色金融的整体发展水平有所提升。但是，从具体地区看，高水平地区如广东、北京，绿色金融发展水平远高于其他地区。部分地区的绿色金融发展实践还存在空白地带，如西藏的绿色债券市场建设还未有实质性进展，债券发行量为0。绿色金融发展相对落后的西藏和青海，地方政府部门如能因地制宜选择合适的绿色金融发展路径，注重加强地区绿色金融产品创新，着力健全完善绿色金融市场体系，补齐地区绿色金融发展短板，那么绿色金融仍有较大发展空间，可以有力促进西部地区绿色发展水平的提升。

因此，未来我国西部地区的政府部门应重视绿色资本市场的建设工作，为企业绿色信贷融资制定相应的配套支持政策，允许其借助主板、新三板等构建多层次的股权市场；还可通过相应政策鼓励商业银行转变抵押担保方式，从而推动如汽车、住房等领域绿色信贷政策的落实。还应逐步明确环境污染的责任归属，推行以强制性为原则的绿色保险制度；明确以环境责任保险为建设主体，打造多种险种创新发展的并存模式，构建新型绿色保险体系。除此之外，可对金融机构运营能力进行评估，适当降低绿色金融领域的行业准入标准，从而提升金融机构对于绿色信贷体系建设的参与度，推进地区绿色金融产品以及服务的创新化发展。

二、加强绿色金融顶层设计，落实政策分区域引导功能

近年来，我国绿色金融发展的区域特征越发鲜明，绿色金融发展水平呈现由东部向中、西、东北部地区递减的格局，且东、中、西和东北地区的绿色金融发展水平差距较大。另外，从时间序列数据的变化态势来看，近年来中部和东北部地区绿色金融发展水平呈现下降趋势；东部和西部地区绿色金融发展水平有所提升，但东部地区提升幅度远高于西部地区，未来区域间差距可能会更大。从东、中、西和东北部地区分区域的内部空间单元的绿色金融发展水平的空间自相关性数据变化趋势来看，绿色金融发展水平可能存在局部收敛，即"俱乐部模式"，相邻区域间可能存在相互拉动作用。同时，观测的各影响因素对东、中、西部地区绿色金融发展水平的解释力度存在差异。

在东部地区，近年来绿色金融基础设施及绿色金融政策激励两类影响因素对绿色金融发展水平空间特征分异的解释力度显著提升，经济效率的解释力度显著下降。东部地区本身经济基础较好，金融市场规模大，其绿色金融发展水平受政策激励影响较大，表明政策因素在东部地区能更有效地驱动各经济要素促进绿色金融发展。且在东部地区，绿色金融基础设施的完善使充足的资金得以在绿色金融领域流动更为畅通，这也是绿色金融基础设施因素的解释力度提升的重要原因。

在中部地区，近年来经济效率是影响绿色金融发展水平空间特征分异的强因素；绿色金融基础设施因素的解释力度提升也较为明显，但提升幅度不及在东部地区；环境污染、政策激励、工业化水平这三类影响因素的解释力度显著下降。这表明，我国中部地区绿色金融领域可能存在政策落实不到位的现象，或者存在政策内容与中部地区现实需求不匹配的问题。在中部地区，经济效率影响因素对绿色金融发展水平空间特征分异的强解释力度现象表明，中部地区绿色金融更趋向于市场化发展。工业化水平影响因素对绿色金融发展水平空间特征分异的较弱解释力度现象表明，我国中部地区工业结构与绿色金融间尚未形成良好的互动关系。

在西部地区，近年来工业化水平、环境污染、人力资本质量是绿色金融

发展水平空间特征分异的强解释力度因素；政策激励影响因素对绿色金融发展水平空间特征分异的解释力度有所提升，但不及在东部地区提升明显。科技创新能力、金融基础、绿色金融基础设施这三类影响因素，对西部地区绿色金融发展水平空间特征分异的解释力度较弱。西部地区工业化偏向于传统工业，能耗高、污染重，对绿色金融服务产生了较强的需求。但西部地区自身金融基础薄弱，绿色金融的发展主要受政策导向影响。绿色金融基础设施影响因素对西部地区绿色金融发展水平空间特征分异的解释力度较弱的现实，说明西部地区各省（自治区、直辖市）间绿色金融的互动互促效果不明显，相互间辐射带动作用尚未充分发挥。

针对我国绿色金融发展水平呈现的区域特征，以及不同区域各类影响因素对绿色金融发展水平的解释力度不同的情况，建议进一步加强绿色金融顶层设计，充分发挥政策的分区域引导功能，以使我国绿色金融发展更好地服务于我国的主体功能区战略和高质量发展战略，确保在绿色金融发展建设工作中实行政策的"区别对待"。针对西部地区区域发展中各方面存在的差异，政府应当有针对性地进行建设规划，从而对市场发展中的各项资源进行更有效更合理的配置和利用；在制定相应法律法规和政策时，应立足于绿色金融的长期发展需要，注重实效，从而为实现生态文明的可持续发展提供保障。在我国绿色金融发展的过程中，相关部门可借鉴先行先试国家绿色金融制度体系建设的相关理论及实践经验，充分考虑我国的基本国情和经济社会发展实际，明确以生态文明建设为导向的指导方针，全面贯彻可持续发展的理念，进一步健全完善绿色金融顶层设计。同时，基于金融领域的现行法律，融入绿色金融建设的理念，对环境保护的责任进行明确落实，以法律法规的强制性保障生态环境的可持续发展。此外，还应当对绿色金融领域的发展予以政策扶持，并不断对政策进行改进和完善，建立健全政策补贴等相关制度，以财税、金融等工具的灵活应用发挥政策对绿色金融的激励作用，深入挖掘和利用政府财政资金引导绿色金融发展的撬动价值，提升社会环境建设以及经济发展的生态效益。

三、促进邻域间绿色金融项目的合作，实现绿色金融信息共享

根据西部地区绿色金融发展水平的空间特征自相关检验结果，从经济距离权重矩阵测度结果来看，近年来我国绿色金融发展水平表现出显著的集聚特征，即经济联系越强的地区，它们的绿色金融发展水平越接近。这可能归因于金融相对于劳动力等其他要素，其流动在地理空间上受限更小。从地理距离权重矩阵测度结果来看，绿色金融存在相邻区域集聚的雏形，但并不显著，表明地理邻近区域之间的绿色金融交流合作能力亟待进一步增强。

未来应进一步增强我国西部地区各省（自治区、直辖市）之间绿色金融发展建设的关联性，为绿色金融发展提供更广泛的渠道和途径，从而发挥空间溢出效应，实现区域间绿色金融协调发展。对此，建议西部地区各省（自治区、直辖市）涉及绿色金融发展的各部门，一方面要着力创新绿色金融服务产品，扩大绿色金融产品的种类和发行量，另一方面要增强跨区域绿色金融项目的多层次合作意识和行动，缓解地区绿色金融投资的财政负担，并在区域环境建设中发挥主导作用。除此以外，还可通过开展和举办绿色金融学术研讨会，促进多地绿色金融实践经验交流碰撞，融合多方学术经验并进行创新，充分发挥信息和人才的价值。最后，还可以通过科技发展为绿色金融助力，如各省（自治区、直辖市）间可借助区块链技术，提高绿色金融发展信息共享的能力和交流沟通的效率，拓宽地域发展中交流的途径，从而进一步健全绿色金融发展信息的披露制度体系。

四、提高绿色技术研发投入，完善绿色技术创新体系

在对绿色金融发展影响因素的比较分析中发现，金融基础、科技创新能力对我国区域绿色金融发展水平空间分异的影响最为强烈，解释力度远超其他多种因素。在其他多种因素中，经济效率、工业化水平的解释力度相对较强，政策激励、人力资本质量的解释力度相对较弱。这表明当前我国西部地

区绿色金融资金主要流向科技创新能力强、金融业基础雄厚的地区。同时，研究还发现，我国西部地区的科技创新能力与人力资本质量和其他影响因素产生强交互作用。

针对西部地区科技创新能力对绿色金融发展水平的强影响作用，以及西部地区的科技创新能力与其他影响因素产生强交互作用等特征，建议未来进一步提高西部地区绿色技术研发投入，完善绿色技术创新体系，有力促进西部地区绿色金融发展水平。政府部门可加大科学技术研发费用在财政总支出中的占比，对绿色领域的研究开发予以支持和鼓励，特别是技术研发和平台建设；还可设立绿色技术企业专项培训资金，在绿色技术企业发展的各个阶段提供有针对性的支持。此外，可通过组织企业开展大型绿色项目联合研发，加强对企业绿色创新能力的培养。相关部门可基于市场导向，创设创新型绿色技术市场架构，加强企业生产适应能力。企业则应立足市场的发展，以市场需求为导向大力推进创新型绿色技术的探索和研究。同时高校和科研院所可构建技术交流的平台，加强机构与高校内部的信息共享，实现双方优势的结合，缩短绿色技术创新研发周期。

五、提升群众环境保护意识和能力，培育绿色金融专业人才

关于西部地区绿色金融发展水平空间特征分异的影响因素的研究发现，人力资本质量影响因素的解释力度虽然不强，但与其他影响因素具有强交互作用，且交互后对区域绿色金融发展水平空间特征分异的影响效果显著提升。例如，在人力资本质量与政策激励两类影响因素的交互过程中，居民金融素养水平是政策效能发挥的微观基础；在人力资本质量与环境污染两类影响因素的交互过程中，居民金融素养水平的提高有助于培育绿色消费观念，倒逼高污染、高能耗企业绿色转型，从而对绿色金融服务产生需求。因此，在绿色金融优化发展路径中，提高区域科技创新能力与居民素养，可以对其他影响因素产生积极作用，发挥绿色金融投资的"乘数效应"，共同促进绿色金融发展。

针对西部地区的人力资本质量与其他影响因素产生强交互作用的特征，建议在我国各层次教育体系中大力增加生态文明思想教育内容，大力提升西

部地区群众的绿色转型发展意识。教育部门在课程设计中，应当重视生态环境保护理念，将生态文明思想教育纳入义务教育的范畴，创设终身环保教育架构。政府应当发挥思想宣传的作用，提升群众对生态文明思想的认知，强化生态环保意识的形成，为西部地区绿色金融发展营造良好的环境。此外，相关部门及金融机构应注重培养消费者的绿色消费理念，从而引导企业根据消费者偏好的转变做出相应的调整，进而实现企业绿色化的生产管理。

另外，西部地区还应注重绿色金融专业人才的内培和外引，打造服务于绿色金融发展的专业化人才队伍。一是要加快绿色金融人才培养规划的实施。金融机构可邀请专家对从业人员进行绿色金融知识普及和业务技能培训。此外，高校可创设绿色金融专业，向经济社会发展领域各行各业培养输送更多的绿色金融专业人才。二是要加强绿色金融国际间行业人才的交流与合作，高校或金融机构可通过人才出国交流以及引进外来人才的形式，缓解我国绿色金融领域发展面临的专业人才短缺问题，从而构建一支更为专业的符合绿色金融发展需求的复合型人才队伍。

参考文献

［1］AHMED E M. Modelling green productivity spillover effects on sustainability［J］. World Journal of Science, Technology and Sustainable Development, 2020, 17（3）: 257-267.

［2］ANSELIN L. What is special about spatial data? alternative perspectives on spatial data analysis（89-4）［R］. Santa Barbara, CA: National Center for Geographic Information and Analysis, 1989.

［3］BARRO R J, SALA-I-MARTIN X. Economic growth［M］. 2nd ed. Cambridge, Massachusetts: The MIT Press, 2003.

［4］BOWEN A. Green growth, green jobs and labor markets［R］. Policy Research Working Paper, 5990, Washington, DC: World Bank, 2012.

［5］COWAN E. Topical issues in environmental finance［Z］. Research Paper Commissioned by the Asia Branch of the Canadian International Development Agency, 1999（1）: 1-20.

［6］FARRELL M J. The measurement of productive efficiency［J］. Journal of Royal Statistical: Society, Series A（General）, 1957, 120（3）: 253-281.

［7］HE J. Pollution haven hypothesis and environmental impacts of foreign direct investment: the case of industrial emission of sulfur dioxide（SO_2）in Chinese provinces［J］. Ecological Economics, 2006, 60（1）: 228-245.

［8］JEUCKEN, MARCEL H A. The changing environment of banks［J］. Greener Management International, 1999（27）: 21.

［9］JEUCKEN J. Sustainable finance and banking［M］. USA: The Earths Can Publication, 2006.

［10］LABATT S, WHITE R. Environmental finance: a guide to environmental risk assessment and financial products［M］. Canada: John Wiley & Sons Inc, 2002.

［11］LI H, ZHOU L A. Political turnover and economic performance: the incentive role of personnel control in China［J］. Journal of Public Economics, 2005, 89（9-10）: 1743-1762.

［12］MOHTADI H. Environment, growth, and optimal policy design

[J]. Journal of Public Economics, 1996, 63 (1): 119-140.

[13] OECD. Towards green growth[R]. OECD Green Growth Studies, 2011.

[14] PITTMAN R W. Multilateral productivity comparisons with undesirable outputs [J]. The Economic Journal, 1983, 93 (372): 883-891.

[15] SALAZAR J. Environmental finance: linking two world [Z]. In a Workshop on Financial Innovations for Biodiversity Bratislava, 1998 (1): 2-18.

[16] SCHULTZ T W. Investment in Human Capital [J]. American Economic Review, 1961, 51 (1): 1-17.

[17] SOLOW R M. A contribution to the theory of economic growth [J]. The Quarterly Journal of Economics, 1956, 70 (1): 65-94.

[18] STREET P, Monaghan P E. Assessing the sustainability of bank service channels: the case of The Cooperative Bank [J]. Sustainable Banking: The Greening of Finance, 2001 (16): 72-87.

[19] TOBLER W. A computer movie simulating urban growth in the Detroit region [J]. Economic Geography, 1970, 46 (S1): 234-240.

[20] TONE K. Dealing with undesirable outputs in DEA: a Slacks-Based Measure (SBM) approach [R]. Presentation at NAPW Ⅲ, Toronto, 2004.

[21] YOUNG A. Gold into base metals: productivity growth in the People's Republic of China during the reform period [R]. Nber Working Papers, 2000, 111 (6): 1220-1261.

[22] 安康. 区域金融发展水平的时空特征及影响因素——以广东省为例[J]. 武汉金融, 2016 (4): 26-30.

[23] 巴曙松, 杨春波, 姚舜达. 中国绿色金融研究进展述评 [J]. 金融发展研究, 2018 (6): 3-11.

[24] 庇古. 福利经济学 [M]. 何玉长, 丁晓钦, 译. 上海: 上海财经大学出版社, 2009.

[25] 常莹莹, 曾泉. 环境信息透明度与企业信用评级——基于债券评级市

场的经验证据 [J]. 金融研究, 2019 (5): 132-151.

[26] 陈超凡. 中国工业绿色全要素生产率及其影响因素——基于 ML 生产率指数及动态面板模型的实证研究 [J]. 统计研究, 2016, 33 (3): 53-62.

[27] 陈景华. 中国服务业绿色全要素生产率增长的收敛性分析——基于行业异质性视角的检验 [J]. 软科学, 2020, 34 (4): 19-25.

[28] 陈黎明, 王俊昊, 赵婉茹, 等. 中国区域绿色全要素生产率的影响因素及其空间特征 [J]. 财经理论与实践, 2020, 41 (4): 122-132.

[29] 陈诗一. 中国的绿色工业革命: 基于环境全要素生产率视角的解释 (1980—2008) [J]. 经济研究, 2010, 45 (11): 21-34, 58.

[30] 陈婉. ESG 投资意识逐步深化——专访中央财经大学绿色金融国际研究院副院长施懿宸 [J]. 环境经济, 2022 (4): 32-37.

[31] 陈玉龙, 石慧. 环境规制如何影响工业经济发展质量?——基于中国 2004—2013 年省际面板数据的强波特假说检验 [J]. 公共行政评论, 2017, 10 (5): 4-25, 215.

[32] 崔满红, 郭威. 金融资源理论: 一个新的理论分析框架 [J]. 经济学动态, 2005 (9): 69-71.

[33] 邓薇. 我国金融业空间布局及影响因素分析 [J]. 统计与决策, 2015, (21): 138-142.

[34] 董晓红, 富勇. 绿色金融发展及影响因素时空维度分析 [J]. 统计与决策, 2018, 34 (20): 94-98.

[35] 董晓红, 富勇. 绿色金融和绿色经济耦合发展空间动态演变分析 [J]. 工业技术经济, 2018, 37 (12): 94-101.

[36] 杜莉, 郑立纯. 我国绿色金融政策体系的效应评价——基于试点运行数据的分析 [J]. 清华大学学报 (哲学社会科学版), 2019, 34 (1): 173-182, 199.

[37] 方建国, 林凡力. 我国绿色金融发展的区域差异及其影响因素研究 [J]. 武汉金融, 2019 (7): 69-74.

[38] 冯兰刚, 阳文丽, 赵庆, 等. 绿色金融对工业污染影响效应的统计检验 [J]. 统计与决策, 2022, 38 (6): 144-149.

[39] 高建良. "绿色金融" 与金融可持续发展 [J]. 金融理论与教学, 1998 (4): 20-22.

［40］高建伟. 科斯《社会成本问题》句读［M］. 北京：经济科学出版社，2019.

［41］高晓燕，王治国. 绿色金融与新能源产业的耦合机制分析［J］. 江汉论坛，2017（11）：42-47.

［42］高杨，牛子恒. 农业信息化、空间溢出效应与农业绿色全要素生产率——基于SBM-ML指数法和空间杜宾模型［J］. 统计与信息论坛，2018，33（10）：66-75.

［43］戈德史密斯. 金融结构与金融发展［M］. 周朔，译. 上海：上海人民出版社，1996.

［44］郭希宇. 绿色金融助推低碳经济转型的影响机制与实证检验［J］. 南方金融，2022（1）：52-67.

［45］郭志全. 生态文明建设中公民生态意识培育多元路径探究［J］. 环境保护，2018，46（10）：49-51.

［46］韩增林，李彬，张坤领. 中国城乡基本公共服务均等化及其空间格局分析［J］. 地理研究，2015，34（11）：2035-2048.

［47］郝淑双，朱喜安. 中国区域绿色发展水平影响因素的空间计量［J］. 经济经纬，2019，36（1）：10-17.

［48］和秀星. 实施"绿色金融"政策是金融业面向21世纪的战略选择［J］. 南京金融高等专科学报，1998（4）：22-25.

［49］侯纯光，任建兰，程钰，等. 中国绿色化进程空间格局动态演变及其驱动机制［J］. 地理科学，2018，38（10）：1589-1596.

［50］胡蓓蓓，董现垒，许英明. 中国绿色贸易发展区域差异及空间不平衡性研究［J］. 东岳论丛，2019，40（2）：85-93，192.

［51］胡碧霞，李菁，匡兵. 绿色发展理念下城市土地利用效率差异的演进特征及影响因素［J］. 经济地理，2018，38（12）：183-189.

［52］胡春阳，刘秉镰，廖信林. 中国区域协调发展政策的研究热点及前沿动态——基于CiteSpace可视化知识图谱的分析［J］. 华南师范大学学报（社会科学版），2017（5）：98-109，191.

［53］胡杨林，张波. 绿色金融发展的经济增长效应——基于珠三角城市群的实证分析［J］. 深圳社会科学，2021，4（1）：63-71.

［54］胡宗义，李毅，刘亦文. 中国绿色技术效率改善的地区差异及收敛研究［J］. 软科学，2017，31（8）：1-4.

[55] 华学成, 王惠, 仇桂且. 江苏绿色发展转型: 基于绿色效率与环境全要素生产率研究 [J]. 现代经济探讨, 2018 (7): 18–25.

[56] 黄嘉文. 教育程度、收入水平与中国城市居民幸福感——一项基于CGSS2005 的实证分析 [J]. 社会, 2013, 33 (5): 181–203.

[57] 黄解宇. 金融集聚的内在动因分析 [J]. 工业技术经济, 2011, 30 (3): 129–136.

[58] 黄菁, 陈霜华. 环境污染治理与经济增长: 模型与中国的经验研究 [J]. 南开经济研究, 2011 (1): 142–152.

[59] 焦琳琳, 郭玲玲, 武春友. 中国沿海城市绿色增长效率测度研究 [J]. 科技管理研究, 2018, 38 (9): 241–246.

[60] 金鑫. 对萨伊定律的解读 [J]. 中央财经大学学报, 2016 (5): 90–96.

[61] 卡森. 寂静的春天 [M]. 吕瑞兰, 李长生, 译. 上海: 上海译文出版社, 2018.

[62] 康蕾. 试论宏观金融效率与经济增长 [J]. 山西财经大学学报, 2000 (6): 72–74.

[63] 兰德雷斯, 柯南德尔. 经济思想史 [M]. 4 版. 周文, 译. 北京: 人民邮电出版社, 2014.

[64] 李斌, 祁源, 李倩. 财政分权、FDI 与绿色全要素生产率——基于面板数据动态 GMM 方法的实证检验 [J]. 国际贸易问题, 2016 (7): 119–129.

[65] 李海鹏, 罗丽, 张雄, 等. 中国农业能源效率动态演变及其影响因素 [J]. 中国人口·资源与环境, 2020, 30 (12): 105–115.

[66] 李赫然. 基于非估计参数的资源型城市绿色经济效率分析研究 [J]. 工业技术经济, 2019, 38 (2): 52–58.

[67] 李虹, 袁颖超, 王娜. 区域绿色金融与生态环境耦合协调发展评价 [J]. 统计与决策, 2019, 35 (8): 161–164.

[68] 李健, 卫平. 民间金融和全要素生产率增长 [J]. 南开经济研究, 2015 (5): 74–91.

[69] 李俊, 徐晋涛. 省际绿色全要素生产率增长趋势的分析——一种非参数方法的应用 [J]. 北京林业大学学报 (社会科学版), 2009, 8 (4): 139–146.

[70] 李汝资, 潘锴. 江西省城市绿色经济效率时空变动及影响因素 [J]. 生态经济, 2019, 35 (5): 100-104, 212.

[71] 李晓西, 夏光. 加强对绿色金融的研究 [C] //卫兴华, 洪银兴, 刘伟, 等. 社会主义经济理论研究集萃 (2014): 新常态下的中国经济. 北京: 经济科学出版社, 2014.

[72] 李晓西. 中国绿色金融报告 2014 [M]. 北京: 中国金融出版社, 2014.

[73] 李佐军. "十三五"我国绿色发展的途径与制度保障 [J]. 环境保护, 2016, 44 (11): 20-23.

[74] 梁婧姝, 张燕生. 中国区域金融发展的影响因素研究 [J]. 宏观经济研究, 2019 (7): 14-24, 70.

[75] 林晓, 徐伟, 杨凡, 等. 东北老工业基地绿色经济效率的时空演变及影响机制——以辽宁省为例 [J]. 经济地理, 2017, 37 (5): 125-132.

[76] 林毅夫, 孙希芳, 姜烨. 经济发展中的最优金融结构理论初探 [J]. 经济研究, 2009, 44 (8): 4-17.

[77] 刘丹丹. 金融效率研究综述 [J]. 中国国际财经 (中英文), 2018 (2): 260-262.

[78] 刘刚. 金融的本质及其演进 [J]. 浙江金融, 2007 (2): 61-62.

[79] 刘佳鑫, 刘兵. 绿色人力资本、社会责任与竞争力的关系——基于我国商业银行的实证研究 [J]. 浙江金融, 2012 (11): 7-9.

[80] 刘莉, 李海月. 绿色金融对区域经济高质量发展的影响及路径研究——以河北省为例 [J]. 湖北开放职业学院学报, 2018, 31 (23): 95-96.

[81] 刘莎, 刘明. 绿色金融、经济增长与环境变化——西北地区环境指数实现"巴黎承诺"有无可能? [J]. 当代经济科学, 2020, 42 (1): 71-84.

[82] 刘斯敖. 三大城市群绿色全要素生产率增长与区域差异分析 [J]. 社会科学战线, 2020 (7): 259-265.

[83] 刘同山. 区域金融发展影响因素的空间面板计量分析 [J]. 金融与经济, 2011 (7): 33-35.

[84] 刘赢时, 田银华, 罗迎. 产业结构升级、能源效率与绿色全要素生产

率［J］．财经理论与实践，2018，39（1）：118-126．

［85］卢阳春，刘敏．新时期四省藏区基本公共服务均等化时空分异［J］．开发研究，2020（4）：36-43．

［86］马俊．中国绿色金融发展与案例研究［M］．北京：中国金融出版社，2016．

［87］马留赟，白钦先，李文．中国金融发展如何影响绿色产业：促进还是抑制？——基于空间面板 Durbin 模型的分析［J］．金融理论与实践，2017（5）：1-10．

［88］马歇尔．经济学原理［M］．文思，译．北京：北京联合出版公司，2015．

［89］马勇，曾兰兰．江西省绿色信贷发展的影响因素研究——基于 SEM 模型［J］．金融与经济，2017（6）：35-40．

［90］麦均洪，徐枫．基于联合分析的我国绿色金融影响因素研究［J］．宏观经济研究，2015（5）：23-37．

［91］梅多斯 D H，兰德斯，梅多斯 D L．增长的极限［M］．李涛，王智勇，译．北京：机械工业出版社，2008．

［92］聂玉立，温湖炜．中国地级以上城市绿色经济效率实证研究［J］．中国人口资源与环境，2015，25（S1）：409-413．

［93］宁伟，佘金花．绿色金融与宏观经济增长动态关系实证研究［J］．求索，2014（8）：62-66．

［94］潘兴侠，何宜庆．工业生态效率评价及其影响因素研究——基于中国中东部省域面板数据［J］．华东经济管理，2014，28（3）：33-38．

［95］潘岳．谈谈环境经济新政策［J］．环境经济，2007（10）：17-22．

［96］钱龙．中国城市绿色经济效率测度及影响因素的空间计量研究［J］．经济问题探索，2018（8）：160-170．

［97］钱争鸣，刘晓晨．我国绿色经济效率的区域差异及收敛性研究［J］．厦门大学学报（哲学社会科学版），2014（1）：110-118．

［98］秦昌才．新旧动能转换中金融体系支撑的内涵及其作用［J］．甘肃社会科学，2019（1）：159-165．

［99］任丹妮．政策推动还是市场驱动？——基于文本挖掘技术的绿色金融发展指数计算及影响因素分析［J］．西南金融，2020（4）：78-89．

［100］任阳军，汪传旭，齐颖秀，等．资源型产业集聚对绿色全要素生产率

影响的实证［J］．统计与决策，2020，36（14）：124-127．

［101］任阳军，汪传旭．中国城镇化对区域绿色经济效率影响的实证研究［J］．技术经济，2017，36（12）：72-78，98．

［102］任英华，徐玲，游万海．金融集聚影响因素空间计量模型及其应用［J］．数量经济技术经济研究，2010，27（5）：104-115．

［103］萨伊．政治经济学概论［M］．陈福生，陈振骅，译．北京：商务印书馆，1997．

［104］申韬，曹梦真．绿色金融试点降低了能源消耗强度吗？［J］．金融发展研究，2020（2）：3-10．

［105］沈军，叶德珠，李嘉霖．论金融发展理论中的金融效率［J］．经济体制改革，2007（5）：111-113．

［106］沈月琴，曾程，王成军，等．碳汇补贴和碳税政策对林业经济的影响研究——基于CGE的分析［J］．自然资源学报，2015，30（4）：560-568．

［107］史代敏，施晓燕．绿色金融与经济高质量发展：机理、特征与实证研究［J］．统计研究，2022，39（1）：31-48．

［108］世界环境与发展委员会．我们共同的未来［M］．王之佳，等译．长春：吉林人民出版社，1997．

［109］宋德勇，邓捷，弓媛媛．我国环境规制对绿色经济效率的影响分析［J］．学习与实践，2017（3）：23-33．

［110］宋敏，甘煦，周洋．教育与居民金融知识水平——来自中国家庭金融调查数据的证据［J］．北京工商大学学报（社会科学版），2021，36（2）：80-91．

［111］孙金岭，朱沛宇．基于SBM-Malmquist-Tobit的"一带一路"重点省份绿色经济效率评价及影响因素分析［J］．科技管理研究，2019，39（12）：230-237．

［112］孙亚男，杨名彦．中国绿色全要素生产率的俱乐部收敛及地区差距来源研究［J］．数量经济技术经济研究，2020，37（6）：47-69．

［113］孙焱林，陈青青．绿色金融发展对技术进步、经济增长的影响——基于PVAR模型的实证研究［J］．金融与经济，2019（5）：28-33．

［114］唐家龙．中国经济增长的源泉（1952—2007）［D］．天津：南开大学，2009．

[115] 陶然.绿色金融驱动绿色技术创新的机理、实践与优化研究——基于"政、企、学、金"协同发展视角[J].金融理论与实践,2021(12):62-72.

[116] 王兵,侯冰清.中国区域绿色发展绩效实证研究:1998—2013——基于全局非径向方向性距离函数[J].中国地质大学学报(社会科学版),2017,17(6):24-40.

[117] 王海龙,连晓宇,林德明.绿色技术创新效率对区域绿色增长绩效的影响实证分析[J].科学学与科学技术管理,2016,37(6):80-87.

[118] 王锦慧.金融开放条件下中国的金融效率与经济增长研究[D].上海:华东师范大学,2008.

[119] 王军,耿建.中国绿色经济效率的测算及实证分析[J].经济问题,2014(4):52-55.

[120] 王康仕,孙旭然,王凤荣.绿色金融发展、债务期限结构与绿色企业投资[J].金融论坛,2019,24(7):9-19.

[121] 王韧.绿色金融、技术创新与绿色政策——基于耦合模型与灰色关联模型的实证分析[J].金融理论探索,2019(6):60-70.

[122] 王圣云,韩亚杰,任慧敏,等.中国省域生态福利绩效评估及其驱动效应分解[J].资源科学,2020,42(5):840-855.

[123] 王晓云,魏琦,胡贤辉.我国城市绿色经济效率综合测度及时空分异——基于DEA-BCC和Malmquist模型[J].生态经济,2016,32(3):40-45.

[124] 王遥,潘冬阳,张笑.绿色金融对中国经济发展的贡献研究[J].经济社会体制比较,2016(6):33-42.

[125] 王振山.银行规模与中国商业银行的运行效率研究[J].财贸经济,2000(5):19-22.

[126] 魏后凯.现代区域经济学[M].北京:北京经济管理出版社,2006.

[127] 魏青琳.绿色金融对区域经济生态化发展的影响研究[J].纳税,2019,13(1):214,216.

[128] 吴传清,宋筱筱.长江经济带城市绿色发展影响因素及效率评估[J].学习与实践,2018(4):5-13.

[129] 吴静.新能源革命能否促进中国工业绿色转型?——基于因素分解法

的实证分析［J］. 经济体制改革，2017（2）：184-191.

［130］夏春雷. 绿色金融发展评价与统计监督管理研究［J］. 金融与经济，2018（11）：29-35.

［131］谢婷婷，刘锦华. 绿色信贷如何影响中国绿色经济增长？［J］. 中国人口·资源与环境，2019，29（9）：83-90.

［132］邢有为，姜旭朝，黎晓峰. 环境治理投入对经济增长的异质性影响研究：基于城市化的视角［J］. 自然资源学报，2018，33（4）：576-587.

［133］熊彼特. 经济发展理论［M］. 何畏，译. 北京：商务印书馆，1990.

［134］徐良志，张三宝，李停，等. 中部区域绿色金融与产业结构关系［J］. 皖西学院学报，2020，36（3）：72-78.

［135］徐晓红，汪侠. 中国绿色全要素生产率及其区域差异——基于30个省面板数据的实证分析［J］. 贵州财经大学学报，2016（6）：91-98.

［136］薛东前，董锁成，姚士谋，等. 区域发展的本质初探［J］. 地理学与国土研究，2001（4）：76-80.

［137］叶仁道，张勇，罗堃. 中国绿色经济效率的测算及影响因素——基于偏正态面板数据模型［J］. 技术经济，2017，36（11）：79-85.

［138］易纲，赵先信. 中国的银行竞争：机构扩张、工具创新与产权改革［J］. 经济研究，2001（8）：25-32.

［139］殷阿娜，邓思远. 京津冀绿色创新协同度评估及影响因素分析［J］. 工业技术经济，2017，36（5）：52-60.

［140］尹贻梅，刘志高，刘卫东. 路径依赖理论及其地方经济发展隐喻［J］. 地理研究，2012，31（5）：782-791.

［141］游士兵，杨芳. 金融服务实体经济的效率测度及影响因素——基于绿色发展视角［J］. 金融论坛，2019，24（4）：29-44.

［142］于冬菊. 金融机构发展绿色金融的影响因素研究——基于先行国家的实证检验［J］. 财经问题研究，2017（12）：53-60.

［143］于雁洁，胡梦荔. 我国金融产业集聚效应影响因素分析［J］. 统计与决策，2012（17）：133-136.

［144］余冯坚，徐枫. 空间视角下广东省绿色金融发展及其影响因素——基于固定效应空间杜宾模型的实证研究［J］. 科技管理研究，2019，39

(15)：63-70.

[145] 余奕杉，卫平，高兴民. 生产性服务业集聚对城市绿色全要素生产率的影响——以中国283个城市为例 [J]. 当代经济管理，2021，43 (1)：1-15.

[146] 喻平，张敬佩. 区域绿色金融与高质量发展的耦合协调评价 [J]. 统计与决策，2021，37 (24)：142-146.

[147] 曾慧. 经济增长、FDI与环境污染关系研究：以浙江为例 [J]. 统计科学与实践，2014 (5)：24-26.

[148] 张承惠，谢孟哲，田辉，等. 发展中国绿色金融的逻辑与框架 [J]. 金融论坛，2016，21 (2)：17-28.

[149] 张国俊，周春山，许学强. 中国金融排斥的省际差异及影响因素 [J]. 地理研究，2014，33 (12)：2299-2311.

[150] 张号栋，尹志超. 金融知识和中国家庭的金融排斥——基于CHFS数据的实证研究 [J]. 金融研究，2016 (7)：80-95.

[151] 张琳，廉永辉. 绿色信贷如何影响商业银行财务绩效？——基于银行收入结构分解的视角 [J]. 南方金融，2020 (2)：45-56.

[152] 张木林，赵魁. 基于空间溢出效应的绿色金融与企业全要素生产率关系研究 [J]. 技术经济，2021，40 (5)：64-72.

[153] 张志奇，李英锐. 企业环境信用评价的进展、问题与对策建议 [J]. 环境保护，2015，43 (20)：51-54.

[154] 张志元，季伟杰. 中国省域金融产业集聚影响因素的空间计量分析 [J]. 广东金融学院学报，2009，24 (1)：107-117.

[155] 张治栋，陈竞. 环境规制、产业集聚与绿色经济发展 [J]. 统计与决策，2020，36 (15)：114-118.

[156] 赵立祥，冯凯丽，赵蓉. 异质性环境规制、制度质量与绿色全要素生产率的关系 [J]. 科技管理研究，2020，40 (22)：214-222.

[157] 赵茂林，潘越. 萨伊经济理论评析及其启示 [J]. 湖北经济学院学报（人文社会科学版），2020，17 (8)：34-36.

[158] 赵平. 萨伊定律批判 [J]. 江汉论坛，2007 (1)：91-93.

[159] 赵昕，彭勇，丁黎黎. 中国海洋绿色经济效率的时空演变及影响因素 [J]. 湖南农业大学学报（社会科学版），2016，17 (5)：81-89.

[160] 郑群哲. 中国碳金融发展水平测度及影响因素分析 [J]. 技术经济与

管理研究，2022（2）：75-79.

[161] 支大林，祝晓波. 区域产业结构变迁中的金融结构因素分析［J］. 东北师范大学学报（哲学版），2004（2）：58-64.

[162] 周凤秀，温湖炜. 绿色产业集聚与城市工业部门高质量发展——来自国家生态工业示范园政策的准自然实验［J］. 产经评论，2019，10（1）：5-19.

[163] 周建松. 区域金融论［J］. 江汉论坛，1989（6）：39-42.

[164] 周杰文，赵月，杨阳. "一带一路"沿线省份绿色经济效率时空差异研究［J］. 统计与决策，2020，36（22）：100-103.

[165] 周月秋. 改善金融基础设施，提升绿色金融发展质量［J］. 清华金融评论，2017（10）：45-46.

[166] 朱阿兴，闾国年，周成虎，等. 地理相似性：地理学的第三定律？［J］. 地球信息科学学报，2020，22（4）：673-679.

[167] 朱金鹤，王雅莉. 中国省域绿色全要素生产率的测算及影响因素分析——基于动态GMM方法的实证检验［J］. 新疆大学学报（哲学·人文社会科学版），2019，47（2）：1-15.

[168] 朱向东，周心怡，朱晟君，等. 中国城市绿色金融及其影响因素——以绿色债券为例［J］. 自然资源学报，2021，36（12）：3247-3260.

[169] 朱向东，朱晟君，黄永源，等. 绿色金融如何影响中国城市环境污染？——以雾霾污染为例［J］. 热带地理，2021，41（1）：55-66.

[170] 祝丽云，李彤，马丽岩，等. 雾霾约束下我国城市绿色经济效率评价研究——以京津冀、长三角和珠三角城市圈为例［J］. 科技管理研究，2018，38（22）：58-63.

[171] 左正龙. 新制度经济学下的绿色金融服务乡村振兴［J］. 财会月刊，2021（13）：126-132.

图表目录

图 片

图1-1 2005—2019年全国和西部地区GDP及增长率……………（15）
图1-2 2005—2019年全国和西部地区产业结构 ……………………（16）
图1-3 2005—2019年全国和西部地区12个省（自治区、直辖市）的城镇化率 ……………………………………………………（17）
图2-1 绿色全要素生产率相关研究论文发表数量 …………………（57）
图2-2 共引作者合作网络图谱 ………………………………………（59）
图2-3 研究机构合作网络图谱 ………………………………………（61）
图2-4 关键词时序知识图谱 …………………………………………（65）
图4-1 西部地区分省（自治区、直辖市）绿色全要素生产率动态变化 …………………………………………………………（104）
图4-2 西部地区分省（自治区、直辖市）绿色全要素生产率及其分解指数2006—2017年均值比较 ………………………（106）
图5-1 绿色金融发展的影响机制 ……………………………………（127）
图6-1 2015年和2019年局部莫兰散点图 …………………………（146）

表 格

表1-1 我国促进绿色发展的重要政策文件梳理 ……………………（7）
表1-2 西部地区发展政策梳理 ………………………………………（11）
表1-3 2017年全国和西部地区水资源状况 …………………………（18）
表1-4 2017年全国和西部地区生态资源状况 ………………………（19）

表1—5	2017年全国和西部地区生态环境修复状况	（20）
表1—6	2015—2019年31个省（自治区、直辖市）政府节能环保项目财政支出情况	（22）
表1—7	2015—2019年31个省（自治区、直辖市）绿色债券发行数量	（24）
表1—8	2015—2019年31个省（自治区、直辖市）绿色债券发行额度	（25）
表1—9	2015—2019年31个省（自治区、直辖市）绿色上市公司市值占比	（27）
表1—10	2015—2019年31个省（自治区、直辖市）六大高耗能工业产业利息支出占本地区工业产业利息总支出的比例	（29）
表1—11	2015—2019年31个省（自治区、直辖市）节能环保上市公司贷款额占区域内上市公司总贷款额的比例	（32）
表1—12	2015—2019年31个省（自治区、直辖市）农业保险保费收入	（34）
表1—13	2015—2019年31个省（自治区、直辖市）碳排放权交易金额	（36）
表2—1	发文3篇及以上的作者统计	（58）
表2—2	发文量为5篇及以上的研究机构	（60）
表2—3	研究成果主要关键词和中心性统计	（61）
表2—4	主要关键词聚类	（63）
表3—1	影响因素筛选文献梳理	（76）
表3—2	绿色全要素生产率投入产出指标	（84）
表3—3	绿色全要素生产率影响因素指标	（85）
表3—4	2006年绿色全要素生产率投入产出数据	（86）
表3—5	2010年绿色全要素生产率投入产出数据	（87）
表3—6	2017年绿色全要素生产率投入产出数据	（87）
表3—7	2006年绿色全要素生产率影响因素数据	（88）
表3—8	2010年绿色全要素生产率影响因素数据	（89）
表3—9	2017年绿色全要素生产率影响因素数据	（89）
表3—10	影响因素变量描述性统计	（90）

表 3-11	西部地区12个省（自治区、直辖市）绿色全要素生产率指数（GTFP指数）	(93)
表 3-12	西部地区12个省（自治区、直辖市）绿色技术进步指数（GTC指数）	(94)
表 3-13	西部地区12个省（自治区、直辖市）绿色效率改善指数（GEC指数）	(94)
表 3-14	绿色全要素生产率影响因素的计量回归结果	(97)
表 4-1	绿色全要素生产率的莫兰指数	(110)
表 4-2	绿色全要素生产率的局部空间关联模式	(113)
表 5-1	金融发展的主要影响因素	(119)
表 5-2	绿色金融发展指数测度指标体系	(130)
表 5-3	区域绿色金融发展指数测度指标权重	(131)
表 5-4	2015—2019年31个省（自治区、直辖市）绿色金融发展指数测度结果	(132)
表 5-5	绿色金融发展指数的等级划分及各等级所含省（自治区、直辖市）数量	(135)
表 5-6	2015—2019年我国四大经济地带的绿色金融发展指数	(138)
表 5-7	2015—2019年我国四大经济地带绿色金融发展指数的变异系数	(139)
表 6-1	绿色金融发展指数的全局莫兰指数	(144)
表 6-2	绿色金融发展空间特征的影响因素	(147)
表 6-3	科技创新能力、环境污染权重	(148)
表 6-4	绿色金融的经济效率	(149)
表 6-5	影响因素解释力度	(152)
表 6-6	影响因素交互作用	(155)